提升印象分

懶人包

黃素珊 著

萬人迷的迷人配方

人的「吸引力」是一樣很奇怪的東西。

它和外貌有關，卻不等於越俊美越有吸引力。它和內涵有關，也不等於越有深度越有吸引力。當然它和智慧、幽默感、風度、氣質、情緒智商、個人成就、財富⋯都有關，但亦同樣不成正比。

我們都知道，有吸引力的人，無論做人處事，都比普通人有優勢；那麼我們怎樣做才可成為一個有吸引力的人呢？或者那些被大眾視為「萬人迷」的人，透過了解他們的言行，對解讀何謂吸引力，如何增加吸引力會大有幫助。

好像發明家愛迪生，他在七十多歲的時候，一場大火把他幾十年的財產包括房屋燒得一乾二淨。他的兒子在失火的時候，四處尋找他的父親。終於在不遠處看到了愛迪生。

火光映著愛迪生蒼老的臉，他的白髮和鬍鬚在火光中隨風飄動，他默默地注視著無情火苗噬著自己多年的心血，他的兒子要把他拉開，愛迪生卻對他兒子喊道：「快去叫你母親來觀看這罕見的場面吧！恐怕她以後再也沒機會見到這壯觀的景象了，讓我們的過失都被燒的一點不留吧！真好，讓我們有了重新開始的機會。」一年後，他的又一項重要的發明留聲機問世了。

萬人迷如愛迪生那樣的人，對得失淡然視之，因為失去的永遠不會再回來，得到的也不可能永遠是自己的，輕鬆快樂地生活，努力地為事業奮鬥，何樂而不為呢？普通人心中背負著太多金錢、地位等的包袱，所以生活得很累，成為名和利的奴隸，永遠無法快樂。

電影幽默大師差理•卓別寧，不但演技突出，而且在生活中也是一位特別機智的人物。一天，差理帶著一大筆款子，騎車駛往鄉間別墅。半路上遇到一個持槍搶劫的強盜，逼他交出錢來。

差理滿口答應，只是懇求他：「朋友，請幫個小忙，在我的帽子上打兩槍，我回去好向主人交代。」

強盜摘下差理的帽子打了兩槍，差理說：「謝謝，不過請再把我的衣襟打兩個洞吧！」強盜不耐煩地扯起他的衣襟打了幾槍。

差理鞠了一躬，央求道：「太感謝您了，乾脆勞駕將我的褲腳打幾槍，這樣就更逼真了，主人不會不相信的。」強盜一邊罵著，一邊對著差理的褲腳連扣了幾下扳機，也不見槍響，原來子彈打完了。

差理一見，趕忙拿上錢袋，跳上車子飛也似的逃走了。差理的智慧使他在危險之中臨危不亂、巧妙應變，最後化險為夷，逃離險境，給我們以啟發。

萬人迷在生活中發現美好的事物，他們盡情地享受著生活賦予的點滴快樂；普通人總是忙忙碌碌地像陀螺一樣，生活在壓抑、煩躁之中。

萬人迷和普通人同生活在一片天地中，條件一樣，卻有兩種不同的生活方式。

Content 目錄

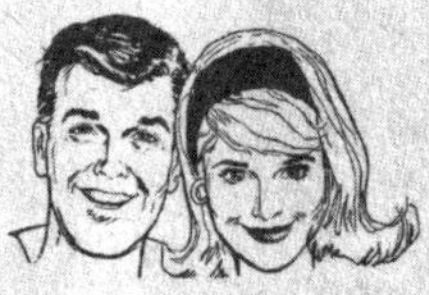

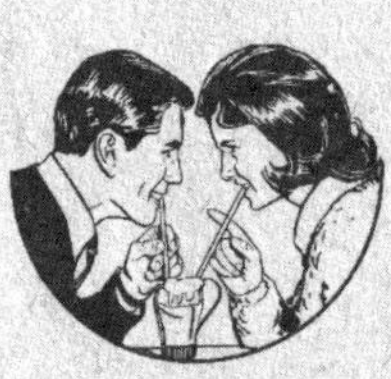

Content 目錄

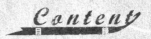

Chapter Four 萬人迷製造工場

Chapter One
人猿大改造

萬人迷善於傾聽，普通人沒有耐性

當一個人講述他昨天遇到了多麼新奇好玩的事情時，普通人可能一臉冷漠的聽對方說完，然後趕緊回到自己想說的東西（即所謂的「正題」）上。萬人迷則會看著對方的眼睛，並適時附和道：「多麼有趣，那接下來你怎麼樣了？」，甚至會就著對方的講話展開新的話題。

經常這樣做的結果是：大家最後都會選擇與萬人迷聊天、討論以及合作，而普通人則被冷落在一邊。

萬人迷的ISO品質檢定

考考你：你知道為甚麼我們生來就有兩隻耳朵一張嘴？其實，這就是萬人迷和普通人的分別了。

正是由於萬人迷和普通人在說話和做事的方式的不同，令兩者的境遇也有很大的差異。例如：

1. 萬人迷總能讓對方說出想說的，普通人卻沒有傾聽的耐心。
2. 普通人總是搶著說：「等一下，你說得不對。我是這麼想的……」萬人迷總是安靜地聽別人把要說的話說完。
3. 普通人總是直截了當地說：「我的意見是……」或「我認為……」萬人迷則會在聽別人說完之後說：「你說得真對，你讓我想到了……」或「你剛才提到了……但是……」
4. 普通人總是自作聰明地說：「你怎麼會這麼想呢？你應該……」直到對

方忍無可忍地詰問他：「請你讓我把話說完，行不行？」萬人迷卻說：「我在聽，請把你的想法完整地告訴我。」在這種情況下對方通常都會十分愉快地把自己的意見或不滿都訴說出來。

萬人迷的絕技：迷魂鎖——你暈！

先傾聽別人，讓別人表達自己，才是真正有效的方法。但在實際生活中，我們總以為達到自己目的的方式，就是讓別人清楚明白自己的想法，並按照自己的方式去理解問題。

彼德在初入推銷行業時，買了很多訓練口才的書。那些書告訴他要：要成功，就要克服膽怯，敢於說話；要熟悉自己推銷產品的性質，並把它們完全呈現給顧客；要面帶微笑，永遠不要和顧客爭吵…彼德將這些規則銘記於心，小心翼翼地執行。可是每當他敲開客戶的大門，不等他舉著產品說一分鐘，家庭主婦們就會把門重重地關上。超市的老闆們也沒有耐心聽他把產品的優點從頭到尾說一遍——儘管彼德總是面帶微笑。彼德很苦惱，他不明白為甚麼大家都不願意聽他介紹產品。

將肥皂換做肥仔水的威廉先生

彼德這麼盡心盡力地去做，為甚麼還不成功呢？不如我們來看看美國「香口膠大王」威廉•迪格勒年輕時的一則故事，也許會得到啟示：

一次，迪格勒到一家超級市場推銷肥皂，在說了一大堆話以後，他只知道超市老闆不僅對他的產品感到十分厭惡，而且對他所屬的公司也產生了反感。這位老闆對他大罵：「你和你的公司統統都給我滾蛋吧！」這時威廉一面埋頭收拾自己的工具，一面心平氣和地對這位老闆說：「我現在知道了，我要把這些產品推銷給你是不可能的了。我是一個新手，既然你覺得我把我的產品賣得這麼糟糕，那麼請你給我一些意見吧。我該怎麼做才合適，才會把這些產品推銷出去。」

超市老闆看到他的態度很誠懇，就開始滔滔不絕地對他說：「你應該說……而不是……」終於老闆把這堆肥皂的優點說了一大串，然後他自己把自己說服了，最終他接受了威廉的肥皂。

可見傾聽是多麼重要，哪怕這些傾聽是對自己嚴厲的批評，也可以帶來意想不倒的收穫。彼德如果讀過這個故事，他也許就知道自己笨在哪裡了。

如果威廉在超市推銷肥皂時不依不饒地用原來的方式糾纏老闆，也許老闆會派人把這個死心眼的笨蛋扔到大街上。但是聰明的威廉請求老闆說出了他的想法，即使這些想法是批評自己的。而彼德希望別人從他的滔滔不絕中憑空產生對產品的需求，所以他的方式沒有被顧客所接受。

事實上，即使普通人有很多新奇的想法和建議，他卻不會有效表達它們，這些想法和建議也就失去了意義；而萬人迷的聰明並不在於他一定有過人的想法和建議，而在於他能傾聽別人的建議，有效地讓別人在受到肯定的同時，也認識到自己的錯誤。萬人迷和普通人無疑都想脫穎而出，但是正確的方法，不在於所有人都要來聽你的想法和建議，而在於你要先傾聽別人的想法和建議。

不聞、不問、不看，又怎能提升自身吸引力？

魅力教室

偷學萬人迷的A+應對技巧！

在與人相處上，爭執有時是避不了的。在這個時候，你需要的是像萬人迷一樣，學會積極聆聽。以下是一些積極的聆聽技巧：

1. 澄清事實

如果你不清楚一件事情的來龍去脈的話，那麼你需要很有技巧地發掘一些必要的答案。只有這樣才能讓你掌握到更多的資訊，你可以試著去問：「請你告訴我多一點有關這些事情的由來。」或：「可否請你舉例說明？」

不過你要知道，有部份人會對這類的問題產生很大的壓力與反彈。所以在發問的時候，要很技巧性地措辭溫和，對事不對人。尤其在用「為甚麼」的時候，你就需要特別小心。譬如說，如果你想要問：「為甚麼你要選這一門夜間課程？」不妨試試看用：「是否有一些特別的原因你要選修這門課？」

2. 綜合所了解的事實

試著去總結你從與人交談得到的資訊。同時需要展現你的回應，加上適當的身體語言，讓對方知道你聽清楚了對方出自真心的談話內容。

3. 仔細聆聽分析對方話中的話

你要能夠去體會出這個人對你的談話中，哪一些是沒有明說的弦外之音，也就是需要你去意會對方沒有明說的話。試試看能不能設身處地，將自己投入對方的處境，或許也會由衷地說出：「如果我自己身歷其境的話，我也會覺得非常悲哀」之類的親切感受。

4. 學習維護自己發表意見的立場

要用友善的方法去堅持你自己的權利，將你的期望說清楚，把自己的想法和感覺講出來，也要澄清你的需要和願望。

5. 注意你自己的身體語言

在與別人説話的時候，要保持眼睛看著對方，你這樣做就無形中流露出你的誠意和自信。説話的音調也要保持一致，不過還是要有一些高低節奏，不至於令人聽來乏味，溝通效果就打了折扣。

6. 避免扮鬼臉、頻頻咬牙、坐立不安…

放鬆你的手腳，平穩站立。

7. 少用極端的説法

儘量避免用「總是這樣」和「永遠」，這些字眼不但不符合事實，相反只會挑起對方的反感。

8. 為自己個人生活和工作之間建立一個合理的界限

要能夠做到就事論事而不針對人，對一件事的要求説「不」而不去否定當事人。如果當事人還是堅持己見，那麼就説：「我很清楚你的需要，只是現在沒有辦法去做到。」

9. 瞭解到每個人的不同

不同的性別、文化背景、出生成長的環境、職業、學習方法的喜好等客觀因素；還有每個人都有不同個性與見解的主觀因素，都是一些需要採用不同溝通方法和不斷調整的原因。當你能夠瞭解到這一些異同的時候，就會很自然地減少和別人的誤會和衝突了。

比如說，個性外向的人常常會獨霸談話的機會，凡事主動發起，或者不經過思考就發表意見；個性內向的人則往往喜歡孤處寡言，要三思而後行或者發言。他們會認為個性外向的人很不禮貌，也令人難以忍受。而個性外向的人則是認為個性內向的人非常冷漠，好像與世隔絕。所以這兩類的人倒是需要去彼此認識，了解對方的看法，從而修正改進他們對用不同表達方式的人的溝通方法。

萬人迷笑容滿面，普通人擰歪塊面

蒙娜麗莎長相雖並不美麗，甚至連眉毛也沒有，但她神秘的微笑，卻在達文西的畫筆下永駐人們心中，世人為之傾倒，數百年經久不衰。可見微笑是人與人之間交往的通行證，怪不得萬人迷在交往中臉上總是寫滿笑意。相反，冷若冰霜的人，卻往往不受歡迎。

在交際場合中，臉帶笑容的人總有人向他致意問好，而一臉冰霜的人則獨坐一旁，很少有人與他交談。萬人迷的滿臉微笑與普通人的滿面冰霜同樣是人的面部表情，但兩者之間的距離，卻差之千里。

田中先生畢業於某名牌大學，他雖擁有出眾的身段，但卻掛著一張冷峻的面孔，在見工時更不會微笑，令他在每次面試都失手而回。幸好田中為人頗有頭腦，在又一次應聘失敗後，他問人事主管：「我為甚麼會落選？」那位人事主管微微一笑說：「是你那張不會微笑的臉打敗了你，沒有人願意和滿臉冰霜的人談生意，所以我們不能聘用你。」

找到原因後的田中如獲至寶，不久他如願以償地在一家國際知名的企業中任職，而且還在公司裡結識了一位女士，後來該位女士更成了他妻子，田中先生可謂事業愛情兩得意。

萬人迷Pass秘訣：即使你很醜，但要笑得夠持久

對於經常看到別人皺眉、發愁或者漠不關心的人來說，你的微笑彷彿是撥開烏雲見晴天。微笑傳遞著美好的心願，人們看到了它，生活也會變得愉快起來。

當人們身受來自老闆、客戶、老師、家人或孩子的壓力時，微笑能夠令他們看到生活中的希望——世間仍然存在歡樂。

快樂列車上的歡笑滿載

笑聲能把快樂感染給每一個人，一位來自日本的友人給我講過這樣一個浪漫故事：

每天在繁忙的列車車廂中，他看到的都是充滿緊張、疲憊的面孔。那是一個春天的早晨，和往常一樣，人們上班時步履匆匆地擠上了客車。客車開始起動了，大家都緊繃著臉一言不發，有的人閉目養神，有的人則注視著窗外，還有的人顯得非常焦慮，但大家都保持著沉默。

這時候，一位年輕的媽媽抱著的嬰兒，天真地注視著坐在她媽媽身邊的年輕人，咯咯地笑出聲來。那位年輕人也向嬰兒笑了起來，並與她媽媽談論起嬰兒以及自己的兒子。於是，整個車廂被嬰兒的笑聲和年輕人的談笑所感染，大家相互交談起來，並不時發出笑聲，整個車廂充滿了快樂。

那位朋友深受感動，以後在乘車時，他都會對其他乘客報之以微笑和問候，他和他的太太便是這樣結下良緣呢！

微笑會給你一種友好、安全的感覺，它會在不知不覺間拉近人心的距離。如果你想成為一個快樂、擁有友誼和財富的人，就請你把萬人迷的微笑寫在臉上，並把普通人的冰冷面孔摔到一邊去吧！

「神奇女俠」姬嘉鐸示範笑容的力量。

魅力教室

自然流露的笑容力量

萬人迷和普通人最不同的地方，是即使別人沒叫他們'Say cheese~'，萬人迷的臉上亦能整天都掛著燦爛的笑容，令別人看得滿心歡喜。

展現萬人迷般的幸福微笑Step By Step

要有萬人迷般的笑容，你可以：

Step 1：拿一支不太粗的筆，用牙齒輕輕橫咬住它，對著鏡子記住這時面部和嘴部的形狀（記住這個口形，因為這就是合適的「微笑」）。

Step 2：用紙擋住鼻子以下的面部位置時，看看自己的眼睛中是否在笑。

Step 3：經常進行快樂的回憶，並努力將自己的工作維持在最愉快的狀態。

Step 4：在工作中，當感到疲勞時可以抽空去一趟洗手間，放鬆自己，保持微笑。

Step 5：在工作一天後盡量有充足的睡眠，因為這樣才能使微笑開起來輕鬆自在。

芝士工場內的「笑聲實驗室」

你知道哪種笑聲最吸引嗎？據《心理學科學》雜誌的報道指出，美國田納西州凡德柏特大學心理系助理教授裘安．巴可洛斯基曾找來一百二十八位受試者，請他們聆聽七十種不同的笑聲，還要為笑聲打分數。

研究結果顯示，不受歡迎的笑聲多半沒有振動聲帶。其中，人氣指數最差的，是氣音重的喘笑聲。像鼻腔發出哼哼輕笑，或喉嚨音重的咯咯大笑（尤其是由女人所發出的，得分都偏低，跑包尾…）。

那麼，甚麼笑聲又最吸引人？就是如歌般的笑聲，聲音有高低起伏和

節奏感，男人特別會覺得女人這樣笑不只友善，還很性感。而哪一種男人的笑聲最能贏得女人心？研究人員做了另外一個有趣的實驗。請受試者看喜劇電影，像《當哈利碰上莎莉》（When Harry Met Sally）裡頭美琪賴恩（Meg Ryan）在餐廳中模仿女人偽裝性高潮的片段，讓人一看就會捧腹大笑。

當受試者看著影片哈哈大笑，他們的笑聲同時也被錄下來。然後，一百二十位受試者針對所有錄下來的笑聲分別評分，發現男人笑得愈低沉、小聲，愈受女人歡迎。

「如果，男人想在女人心中留下好印象，最好不要在她面前放聲大笑，因為她會提高警戒，十分不自在」，巴可洛斯基博士解釋。

她並說，「特別是兩人剛認識的階段，低沉、降低音量的笑聲會助你早日打開她的心扉」。

小心笑的劑量：太少好弱雞，太多好大劑！

以下是一則趣聞，信不信由你：

據英國《泰晤士報》曾刊登的一篇題為《微笑可能嚴重損害健康》（指「機械式」微笑）的文章指出，對於在工作中經常保持「機械式」微笑的女性來說（研究的對象為日本女性），「微笑面具」壓抑了真實的情感，這對心理影響是極大的。

文章指出：「在極端情況下，強迫自己長時間戴著微笑面具可能導致真正的抑鬱。」他還說，整日微笑還會引起各種生理問題，在他治療的微笑面具綜合症病人中，許多人抱怨肌肉酸痛和頭痛。

萬人迷不為打翻的牛奶哭泣，普通人常常拿過失處罰自己

在生活中，失敗、錯誤和挫折都是難免的，我們無法拒絕它們的發生。

萬人迷常以樂觀的態度來看待失敗和錯誤，因為他們知道已經發生過的是無法改變的事實，唯有去勇敢地面對它，冷靜地分析過去的失誤和原因，汲取有用的教訓，避免再出現類似的錯誤。

相反，普通人則會為過去的錯誤而煩惱，並長時間地陷入不能自拔的狀態中，但其實這樣是於事無補，因為世界上沒有醫治「後悔」的靈丹妙藥。

卡耐基倒瀉籮蟹記

在事業剛起步時，卡耐基在密蘇里州舉辦了一個教育班，並且在各大城市陸續開設了分部。由於財務管理上的欠缺，他的收入竟然剛夠支出，一連數月的辛苦工作竟然沒有甚麼回報。他花了很多錢用於廣告宣傳，同時租金、日常辦公等的開支也很大，儘管收入不少，但過了一段時間後，他發現自己卻連一分錢也沒有賺到。

卡耐基不斷抱怨自己的疏忽大意。這種狀態持續了很長一段時間，他一直很苦惱，整日裡悶悶不樂，神情恍惚。眼看剛開始的事業將無法繼續下去，卡耐基於是去找中學時的老師保羅•布蘭德威爾博士傾訴。保羅問他是否還記得他在上中學時，老師給他說過的「不要為打翻的牛奶哭泣」那句話。

回憶中的美事一樁

聽了老師的這句話，卡耐基恍然大悟，馬上回憶起上中學時的那件往

事，於是精神大振，心中的苦惱消失得無影無蹤：記得在上中學的第一堂健康常識課時，保羅老師把一瓶牛奶放在桌子邊上。當時，班上的同學都好奇地望著那瓶牛奶。然後，保羅老師突然站了起來，一掌把那瓶牛奶打碎在水槽裡，同時大聲叫道：「不要為打翻的牛奶而哭泣！」

接下來保羅老師叫學生都到水槽邊去，好好地看一看那瓶打翻的牛奶。他告訴學生們：「好好地看一看，因為我要你們這一輩子都記住這一課，這瓶牛奶已經沒有了——你們可以看到它都漏光了，無論你如何抱怨，如何著急，都不可能再救回一滴。只要先動一下腦子，先加以預防，那瓶牛奶就可以保住，可是現在已經太遲了。現在我們所能做的只能是把它忘掉，注意下一件事情。」

超恐怖的「不幸」輪迴事件簿

我們可以這樣詮釋保羅老師的話：對於無法挽回的錯誤，後悔、埋怨、消沉都無濟於事，反而會阻礙新的前進步伐，最好的辦法就是忘記它，然後重新開始。

是的，牛奶被打翻了，漏光了，怎麼辦？是看著被打翻的牛奶哭泣，還是去做點別的？記住，被打翻的牛奶已成事實，不可能重新裝回瓶中，我們唯一能做的就是找出教訓，然後忘掉這些不愉快。

西班牙著名作家賽凡提斯有句名言：「對於過去不幸的記憶，構成了新的不幸。」對過去的錯誤，有機會補救，就盡力補救，沒有機會補救，就堅決將其丟到一邊，不要陷在過去失敗的泥沼裡，越陷越深，無力自拔。

你想做生命的建築師，抑或生命的量地官？

「生命」有自己的進程，是無數個事變的組合，事情的變化有時很難籠統地說是好是壞，自尋煩惱顯然毫無價值。為了避免一味責怪自己，減輕煩惱情緒，我們應該想到自己的能力畢竟有限，雖經努力，這事也只能達到這個程度；縱然奮鬥，一時也難以完全改觀；同時，還要懂得社會和人生變化的辯證關係，懂得萬事稱心如意是不大可能的道理。只要不懈努力，出路總是有的。

魅力教室

萬人迷是如何進行自我激勵？

人人都會遭遇錯折的時候，萬人迷亦沒有例外。那麼，萬人迷又是如何進行自我激勵？

1. 尋找「為甚麼」

即使是要處理一項枯燥的工作，當你再專注也不能讓它變得吸引時，那就轉移視角，先問問自己為甚麼厭煩將會更有效。如果你找不出原因，那很可能你並不厭煩這項任務。

2. 堅持五分鐘

開始工作五分鐘。往往是一點點推力，將足以讓你堅持下去。

3. 行動起來

如果你非常想做某件事情，那就讓你的身體按你所想象的行動起來。這種「假象」做法表面上好像很幼稚，但其實非常有效。

4. 安排好下一步

這對於做一個工作是不可能的。你所能做的就是專注於緊接著的那一步。窮於應付工作的細枝末節只會引起拖拉。統籌安排可以使其變得容易完成。

5. 尋找真正的原因

是甚麼讓你對工作缺乏動力？問題沒有解決就不要放棄尋找真正原因。你是因為疲勞、害怕、膩煩或是生氣而沒有動力嗎？其實很可能你是因為不確定自己有沒有時間或者分配的任務是否已完成。

6. 消除恐懼

我敢肯定你對完成任務不存在恐懼。但同時內心適度的擔憂或焦慮可以讓你完成工作。正視未知，讓自己自信可以使最糟糕的情況變成一種享受。

7. 找一個拍檔

找一個在你偷懶時會督促你的人。比如我就有一個一起健身的朋友。其他方面也一樣，有一個這樣的朋友可以在你想放棄時鼓勵你努力工作。

8. 精神飽滿地開始每一天

為第二天做好計劃。早起並把所有重要事項都安排在上午完成。盡早做好當天的備忘錄通常可以讓你順利地度過接下來的一天。

9. 讀書

不只是讀自我激勵或是勵志的書，還要讀任何有新觀點的書。新觀念可以啟動你的思維，從而產生動力。學習接受新思維可以讓你的大腦活躍起來，更好更快地完成任務。

10. 創造有利的環境

環境會對你的熱情有很大的影響。版本過低的電腦、低效率的應用軟體或著時常會發生故障的交通工具都會抹殺你的積極性。所以激發動機跟掃除障礙一樣都很重要。

11. 沒有「小問題」

看似很小卻足以引起無止境挫折感的所謂的小問題是動力的最大殺手。因此，要像處理大問題一樣去解決那些小問題，否則它們會扼殺你所有前進的動力。

12. 找一句激勵語

找到一些可以讓自己集中注意力和激發動力的話語，可以取自通俗的勵志標語，也可以是告訴自己怎麼做的幾個詞。如果你還是不知從何入手，有一句很棒的自我激勵語，「現在就做！」

13. 建基於原有的成功

原有的成功可以造就新的成功。如果你剛取得成績，那就會覺得做任何事情都很帶勁。情緒不會表現得很具體，因此一次小小的成功，無論是同事祝賀還是中午前就完成了任務的三分之二，都會讓人你處於一種自我陶醉的狀態。其實你可以有很多種方法把原先各次的小成功累置起來激發新的動力。列出該做事項的清單，先完成諸如鍛煉之類的簡單任務，亦或是給自己一個承諾都不失為一個好方法。

萬人迷喜歡善意讚美，普通人樂於批評

人際關係的順暢是事業成功的最關鍵因素。真誠的、發自內心的讚美可以使人在工作或事業中和別人相處得十分友好，也使你在事業走向成功的道路上暢通無阻。

在現實生活中，讚美不僅僅是一種現象，還是一門學問，更是一種藝術。讚美之辭可以起到起死回生之效，也可以有「返老還童」之奇跡。現實生活中，不管是偉人還是普通老百姓，不管是老人還是年輕人，所有的人都希望得到別人的讚美。

馬克•吐溫曾經說過：「一句精彩的讚辭可以代替我十天的口糧。」因

此萬人迷經常善意地讚美別人，而普通人不討人喜歡，甚至到處樹敵，主要原因不是大家故意和他們過不去，而是普通人在與人相處時總是自以為是，對別人百般挑剔，隨意指責批評，人為地造成矛盾。

麥金利先生的盤算

以前上海理髮師給人刮鬍子之前，總是先在其臉上塗肥皂泡沫，以便使被刮者不會感覺到疼痛，而麥金利在一八九六年競選總統時使用的方法與此亦有異曲同工之妙。

共和黨一知名人士寫了篇競選演講稿，並自認為非常出色。他慷慨激昂地為麥金利朗讀了自己的「驚世之作」。這個演講雖然具備一些優點，但是如果公開發表必定會陷入被批評的漩渦。麥金利不願傷害他的自尊，更不想抹煞他高漲的熱情，然而他必須說「不」。他是這樣巧妙表達的：

「我的朋友，你的演講非常出色，精彩極了。」麥金利說：「沒人能準備出比這更好的演講。如果在其他情況下發表這篇演講將再合適不過了，但在現在這個特殊的情況下它是否適用呢？你的演講聽上去彷彿只想到了自己，我必須考慮它會給全黨帶來怎樣的結果。所以，現在你要根據我的需要重新撰寫，然後發給我一份副本。」

麥金利馬上修正了這篇文章，幫他重擬出第二份演講稿。後來這個人一舉成為競選活動中最強有力的發言人。

只有處處與人為善，嚴以責己，寬以待人，真誠地讚美別人才會建立與人和睦相處的基礎。所以，如果你想成為一個受歡迎的人，就必須學會衷心地讚美人。

引導比利走上球王之路的好爸爸

讚美是全世界最具震撼力的營養劑。恰到好處的讚美是父母與孩子溝通的興奮劑、潤滑劑。家長對孩子每時每刻的瞭解、欣賞、讚美、鼓勵都會增強孩子的自尊、自信，同時也教會了孩子瞭解、欣賞、讚美、鼓勵他人的方法。當一個孩子的優勢因不斷地被肯定而發揮到最佳狀態時，孩子的劣勢會自然減弱。

球王比利，小時候有一次踢足球累了，於是向朋友要了根香煙學抽煙。沒想到被他的父親看到了，父親並沒有罵他，只是默默地看著他，這讓比利感覺更難受。

父親終於說話了，他的開場白竟然是從他最喜歡的足球開始的，他說：「孩子，爸爸很高興你有踢足球的天賦，也支持你朝著這個方向發展。但是，要想成為一名偉大的足球運動員，你就必須要有一個健康的體魄。現在你學著抽煙，我可以預見你將無法為成為一名出色球員打下良好的身體質素基礎，要不要成為一名出色的球員，這事還得你來決定。」

接著父親給他留下了一疊鈔票，「如果你決定要抽煙，而不想做一名球員，這就是你抽煙的費用。」父親平靜地說完以後，走進了自己的臥室。

比利手握鈔票，沉思了一會兒，默默走進父親的臥室，對父親說：「爸爸，我還是要踢球，而且要做一個出色的球員，我以後再也不會抽煙了。」從那以後，直到他成為著名的足球明星，比利再也沒有抽過煙。

讚美是萬人迷擁有的一種風度，也是一種人生的境界，更是一門生活藝術。它可以在生活中化敵為友，使友誼錦上添花，能使萬人迷的事業得到成功，也可使家庭幸福和美，所以聰明的你在與人交往中對待別人時一定會選擇讚美，摒棄批評。可以說懂得讚美，便懂得如何快樂地生活。

讚美是全世界最具震撼力的營養劑。

魅力教室

萬人迷讚美別人的技巧

雖然「讚美別人」是一件好事，但絕不是一件易事。讚美別人時如不審時度勢，沒掌握到一定的讚美技巧，即使你是真誠的，也會變好事為壞事。所以，開口前我們一定要掌握以下技巧：

1. 因人而異

人有高低之分，年齡有長幼之別，因人而異，突出個性，有特點的讚美比一般化的讚美能收到更好的效果：

a. 老年人總希望別人不忘記他「想當年」的業績與雄風，同其交談時，可多稱讚他引為自豪的過去；

b. 對年輕人不妨語氣稍為誇張地讚揚他的創造才能和開拓精神，並舉出幾點實例證明他的確能夠前程似錦；

c. 對於做生意的人，可稱讚他頭腦靈活，生財有道；

d. 對於學者，可稱讚他知識淵博；

當然這一切要依據事實，切不可虛誇。

2. 情真意切

雖然人都喜歡聽讚美的話，但並非任何讚美都能使對方高興。能引起對方好感的只能是那些基於事實、發自內心的讚美。相反，你若無根無據、虛情假意地讚美別人，他不僅會感到莫名其妙，更會覺得你油嘴滑舌、詭詐虛偽。

例如，當你見到一位其貌不揚的小姐，卻偏要對她說：「你真是美極了。」對方立刻就會認定你所說的是虛偽之至的違心之言。但如果你著眼於她的服飾、談吐、舉止，發現她這些方面的出眾之處並真誠地讚美，她一定會高興地接受。

真誠的讚美不但會使被讚美者產生心理上的愉悅，還可以使你經常發現別人的優點，從而使自己對人生持有樂觀、欣賞的態度。

3. 詳實具體

在日常生活中，人們有非常顯著成績的時侯並不多見。因此，交往中應從具體的事件入手，善於發現別人哪怕是最微小的長處，並不失時機地予以讚美。

讚美用語越詳實具體，説明你對對方越瞭解，對他的長處和成績越看重。讓對方感到你的真摯、親切和可信，你們之間的人際距離就會越來越近。

如果你只是含糊其辭地讚美對方，説一些「你工作得非常出色」或者「你是一位卓越的領導」等空泛飄浮的話語，不能引起對方的猜度，甚至產生不必要的誤解和信任危機。

4. 合乎時宜

當別人計畫做一件有意義的事時，開頭的讚揚能激勵他下決心做出成績，中間的讚揚有益於對方再接再厲，結尾的讚揚則可以肯定成績，指出進一步的努力方向，從而達到「讚揚一個，激勵一批」的效果。

5. 雪中送炭

俗話說：「患難見真情。」最需要讚美的不是那些早已功成名就的人，而是那些因被埋沒而產生自卑感或身處逆境的人。他們平時很難聽一聲讚美的話語，一旦被人當眾真誠地讚美，便有可能振作精神，大展宏圖。因此，最有實效的讚美不是「錦上添花」，而是「雪中送炭」。

此外，讚美並不一定總用一些固定的詞語，見人便說「好……」有時，投以贊許的目光、做一個誇獎的手勢、送一個友好的微笑，有時也能收到意想不到的效果。

Chapter Two
男神女神培育教室

萬人迷努力記住別人的名字，普通人努力希望名字被人記住

萬人迷由於知道記得別人的名字，就等於尊重對方，於是他們會努力記住別人的名字。相反，普通人通常都是平凡過一生，其名字容易被人遺忘。不過，普通人卻往往不甘心被人輕視，於是他們會刻意讓自己的名字被人記住。不過普通人或許不知道，他們的誇張行為，換來的往往只是「攝石人」的稱號⋯

偷看萬人迷的人脈存摺！

在日常交往中，萬人迷很會記住別人的名字，而普通人卻忽略這些非常有用的交往方法——假如能夠記住別人的名字並輕鬆地叫出來，就等於巧妙而有效地給予別人恭維。相反，忘記或者叫錯了人家的名字，你便把自己放到了十分不利的位置。

安德魯●卡內基雖被稱為「鋼鐵大王」，但他卻對鋼鐵的生產所知甚少。他手下有上百名員工，每一個人對鋼鐵的瞭解都比他多得多。但卡內基之所以能夠成功變有錢，是因為他知道如何與人打交道。

其實，卡內基在很年輕的時候，就展現出自己超卓的管理才能和領導天賦。例如他在十歲時，發現人們都對自己的名字非常重視，於是他便利用這一點贏得了與他人的合作：他有一天抓住了一隻懷孕的兔子，很快他便有了一窩小兔——但卻沒有東西餵養牠們。

於是，卡內基想出一個絕妙的主意，他告訴鄰居的孩子們，誰能採集到足夠的苜蓿和蒲公英來餵兔子，他就會以誰的名字來給這些小兔子命名。計畫果然發揮了神奇的作用，小孩們爭先恐後地採摘野菜餵小兔，這讓卡內基畢生難忘。

大賊的煩惱

你又有沒有留意到以下的現象：在現今社會，很多有錢人都會付錢給作家，讓作家在新書裡寫上他們的名字。圖書館、博物館的豐富收藏，很多是不願讓他們的名字日後被遺忘的人捐獻的。

記憶姓名的能力在事業和交際上，同在政壇上差不多一樣重要。還記得那宗轟動一時的大案嗎？當時的情況大概是這樣的：在小超人被大賊首領綁架後，超人先生坐在家中，靜等電話。

後來，首領打電話到超人之家。這次，由超人先生接電話。超人先生在電話中告訴首領，他就是首富先生。

豈料首領在電話裡竟說：「好，我也行不改名，我叫張子強。」

超人先生沒有馬上反應過來：「張子強？」

首領續說：「首富先生，我想你一定知道我。」

這就是張子強，他一開始就在電話裡告訴人質的家人，他是誰。為了加強他的分量，他甚至在電話中提醒人質的家人，他就是那個因啟德機場劫款案而弄得香港全城沸沸揚揚的張子強——可見強盜也非常希望自己的名字被別人記住，使自己感到風光無限。（雖然人們記住的只是他的惡名和醜行，只要看看下面有關油炸鬼的故事便知道答案了……）

魅力教室

好頭痛！怎麼我總是記不住對方的名字？

記憶他人名字的能力，在商界和社會交往中起到的作用，絕不亞於在政壇中的作用。法國國王拿破崙三世，曾誇口自己在背誦皇室責任之外，還可以記住他所見過的每個人的名字。

拿破崙三世的技巧是甚麼？其實很簡單。如果他沒有聽清那個名字，會立即說：「十分抱歉，我沒有聽清你的名字。」接下來，如果這是一個不常見的名字，他又會問：「那麼應該怎樣拼寫呢？」

在談話過程中，他會不斷重複著對方的名字，結合外貌、言談等特徵做一個大概的記憶。如果對方是十分重要的人物，拿破崙就會進行更深入的瞭解。等到獨自一人時，他把這個名字寫到一張紙上，仔細地看，努力把它印入腦海。通過這種方法，他在視覺和聽覺上都留下了對這個名字的印象。

萬人迷的記憶方法

萬人迷之所以那樣「好記性」，就是他們懂得通過一些竅門，將兩個本不相關的資訊之間主動創造關聯(association)，方便自己好好記住。以下是一些較易學而又有用的記憶術：

煩惱事1：為甚麼昨晚才上過的網站，密碼總是記不起來…

解決方法：其實你可以用「鉛筆1、鴨仔2、耳仔3、交通4、秤陀5、煙斗6、枴杖7、葫蘆8」的記數方法來為密碼塑造形狀。

假設你的預設密碼是：72345。你可以構思以下的故事：在鬧市街頭，一隻撐著枴杖(7)的老鴨(2)準備橫過馬路，由於老鴨的耳朵(3)不靈光，負責維持交通的督導員先生(4)於是電召起重車，用秤陀(5)將老鴨吊起來。

為了方便記憶起見，建議故事的劇情越天馬行空、越爆笑越好。

煩惱事2：如何牢記銀行櫃員機密碼？多按錯幾次，是會被「食卡」啊！

解決方法：你可以用押韻或諧音來解決問題。

假設你的銀行櫃員機密碼是：6324，你可以取諧音「綠衫易死」（你可以想像以下的故事：假設在台灣選舉中，一個「綠營」的人走進「泛藍」陣營的勢力範圍，結果就好易被人打死！）

煩惱事3：我老是記不住要做的事情⋯

其實不是你個人問題，因為有科學家早就提過：人的腦袋一次只可以記住五到九樣東西。不過，只要你記得其法，問題是可以解決的。

假設你今天要做以下的事，你會如何在不用筆錄的情況下，好好記住呢？

1. 購買新到的限量版「飛甩雞毛」手袋

2. 購買新款「士WATCH」手錶
3. 致電酒店Book枱吃自助餐
4. 叫男朋友買NDS遊戲機
5. 去連卡佛換新裝
6. 到銀行入錢
7. 到SOGO買沙灘帽
8. 購買新款的手挽袋

其實，你可以用物件的諧音幫助記憶，以下我會將每件待做的事情給一個代號：

1. 買「飛甩雞毛」手袋（代號：飛）
2. 買「士WATCH」手錶（代號：士）
3. 致電酒店Book枱吃自助餐（代號：Book）
4. 叫男朋友買NDS遊戲機（代號：N，取NDS的第一個英文字）

5. 去連卡佛（代號：連）
6. 到銀行入錢（代號：錢）
7. 到SOGO買沙灘帽（代號：帽）
8. 購買新款的手挽袋（代號：挽）

試試將以上括號內的字串連在一起，看看會得出甚麼東西：「飛士BOOKN連錢帽挽」。可見只要多運用想像力，為事情加點創意，就「Impossible is nothing」了。

萬人迷看穿別人的心思，普通人表示自己的需要

我們在釣魚的時候，往往要考慮所要釣的魚喜歡吃甚麼樣的東西，然後再準備魚餌，這樣才能成功釣到魚——即使要你捉蟲，亦不應感到失落，因為大部分的魚本來就喜歡吃蚯蚓和小蟲。萬人迷深明這點在人際關係上亦同樣適用，故此他們在對別人進行游說前，已充分地作好準備，怪不得他們一開口往往就很迷人。

擁有一開口就很迷人的說話技巧

社交中，萬人迷是高明的「釣手」，他們會針對所釣的「魚」喜歡甚麼，然後投其所好，結果「魚兒」便會乖乖上釣；而普通人則根據自己喜歡吃的食物做魚餌，而不考慮「魚兒」的喜惡，所以普通人很難會得到成功。

例如在會議桌上，萬人迷會用「開放式問題」問對方：「你喜歡甚麼樣的商品……」，「依你看，甚麼價格會較合適……」；相反，普通人只會用「封閉式問題」對別人說：「我的標準是……」，「我認為這樣最好……」。

可想而知，最終談判的結果是：萬人迷順利地拿到訂單，普通人卻和客戶鬧得不歡而散。

豬嘜鞋童的笨蛋推銷法

在週末的里約熱內盧，許多青年男女佇立街頭。他們中間有不少人是等待與情侶相會的。

在這個時間，有兩個擦鞋童正高聲叫喊著以招徠顧客。其中一個說：「請坐，我為你擦擦皮鞋吧，保證又光又亮。」另一個卻說：「先生，約會前，請先擦一下皮鞋吧？」你猜猜哪位鞋童會做到較多生意？

結果，前一個擦鞋童攤前的顧客寥寥無幾，而後一個擦鞋童的喊聲卻引來了一個個青年男女讓他擦鞋。這究竟又是甚麼原因？

當我們聽到第一個擦鞋童的話，儘管他禮貌、熱情，並且附帶著品質上的保證。但這與此刻青年男女們的心理差距甚遠。因為，在黃昏時刻破費錢財去「買」個「又光又亮」，顯然沒有必要。人們從這兒聽出是「為擦鞋而擦鞋」的意思。

而第二個擦鞋童的話就與此刻男女青年們的心理非常吻合：在這充滿溫情的時刻，誰不願意以乾乾淨淨、大大方方的形象出現愛人面前？一句「約會前，請先擦一下皮鞋」，傳遞著「為約會而擦鞋」的訊息，成功抓住顧客的心。

愛迪生的精叻女傭

在生意場上能抓住客戶的心理，固然能使生意順利談成。同樣道理，能夠洞察別人的心理，把握對方心中迫切的欲求，然後投其所好，在交往中就可以如魚得水，否則就辦不成任何事情。

美國發明家愛迪生的故事就很有啟發性：有一天愛迪生和他的兒子想將一頭小牛趕進牛棚，但他們犯了一個普遍性的錯誤：他們只想達到他們自己的目的。愛迪生在後面推小牛，他兒子則在前面使勁地拉小牛。但這頭小牛蹬緊四腿，頑固地不肯離開原來的地方。

後來，一位愛爾蘭女僕看到了這個僵持的場面，走了過去，她比愛迪生瞭解牛的性格，知道小牛想要甚麼，只見她把拇指伸進小牛的口中，一邊讓小牛吮吸她的手指，一邊將牠慢慢地引進牛棚。可見只有順其意、投其好，才能使對方高興地做事。相反，沒按照對方願意而無謂出招的話，即使你如何落藥亦沒有成效。

人人都甘心情願為萬人迷做事

一天晚上，強尼下班回家後，他發現小兒子迪克在客廳的地板上打滾，又哭又鬧。原來，第二天迪克就要去幼稚園了，但他不願去。如果是平時，強尼肯定會將他叫到房間，命令他去幼稚園，因為他別無選擇。但這天晚上強尼沒有這麼做，他認為這樣並不能讓迪克帶著好心情去幼稚園。

於是強尼坐了下來，心想：「如果我是迪克，怎樣才會高高興興地去幼稚園呢？」他和夫人一起把迪克將在幼稚園所樂意做的事情列了一張表，其中有用手指畫畫、唱歌、交朋友等。做完這些之後，他們開始採取行動。

強尼和夫人、大兒子在廚房的桌子上用手指畫畫，而且真的享受到了其中的樂趣。沒過多久，迪克就站在牆角偷看他們，然後請求參加他們的活動。「可以，不過你必須先去幼稚園學習用手指畫畫。」強尼對他說。並用他能夠聽得懂的話，以最大的熱情向他解釋那張表上所列的各種有趣的事情，並告訴他會在幼稚園得到這些樂趣。

第二天早上，強尼起床走下樓，沒想到迪克竟坐在客廳的沙發上睡了一個晚上。強尼問他怎麼睡在這裡，他說：「我在等著去幼稚園。我可不想遲到。」看來全家的行為已經激起了迪克內心強烈的願望，而若採取討論或強迫的辦法，是根本做不到這一點的。

也許你明天打算勸某人做某事，在你開口之前，不妨先問問自己：「我怎樣才能使他心甘情願『要』做這件事？」這樣可以使我們不至於冒冒失失、毫無結果地去同別人談論我們的各種願望。

不需要都敏俊（韓星金秀賢飾演）的外星能力，一樣可以看穿別人心思。

魅力教室

為甚麼我每次開口，其他同事就雞飛狗走？

有的女生在日常和別人相處的時候，往往會受到不同程度上的挫折，其實這可能是你的聲線未夠吸引。

如何是好？

或許你需要改變的不是所說的內容，而是說話的方式。「說話的方式才是關鍵」，瑞尼・葛蘭特威廉斯在新書《聲音的力量》（Voice Power）中指出，其實一個人說話的方式，就決定了別人對他的印象。

不是說我們的聲音都是與生俱來的嗎？如果天生的聲音就不具備說服力，該怎麼辦呢？美國《商業週刊》在介紹《聲音的力量》一書的文章中指出，其實我們不必一輩子遷就於與生俱來的聲音。葛蘭特威廉斯教導人們運用一些技巧，就可以改善聲音。例如，策略性地運用「沉默」，可以加重說話的份量，也會使某些字句變得更重要。「改變的目的是去發展出一種聲音，讓你自己或其他人聽起來都感到很愉悅。」

下面就是葛蘭特‧威廉斯對於大家的建議：

1. 說話要用全身，而不是只用喉嚨

如果你想令你的聲音聽起來誠懇和堅定的話，就不能只使用喉嚨或頸部的力量，而是要全部的身體。「當你感覺自己說話的力量從腳而起時，聲音聽起來會比較有誠意而不會是虛情假意。」

2. 多做準備，可以增加溝通的說服力

我們在工作中經常需要用電話溝通複雜的事情，如果在打電話之前，手邊準備好所需要的資訊、甚至事先擬好討論的邏輯順序，可以增加說服力。你永遠不知道電話可以講多久，所以重要的資訊一定先提出來。

3. 上台報告要像講話，不要像演講

假如你將要在台上進行公開講話，雖然你是在大眾面前講話，但是你說話的樣子必須要像是對一個很要好朋友說話，會讓聽眾更舒服。另外，上台說話還要盡量避免緊張。避免上台緊張的方法是採用被動呼吸（張口呼吸，感覺空氣從喉嚨下去）。很多時候，人們一緊張就稟住呼吸，而忘了呼吸。記得持續吸入氧氣到身體裡，可以減緩你的脈搏和讓你放鬆。

4. 善用重音與間隔，才會更有說服力

想要說話聽起來有說服力，必須要加重聲音在重要的字詞上，還要懂得創造靜默。字和字之間的靜默比字本身還要重要。此外，還要重複一下你的重點，加深印象。

最後，切記，不要從頭說到尾。留點空間給人隨時可以插進來發言。

萬人迷不把話說破，普通人單刀直入

沒有人樂意讓自己的缺點或錯誤之處在大庭廣眾下被暴露，如果一旦曝光，他們就會感到十分難堪或惱怒。某人若當面指出你的孩子如何如何不好，你肯定會大為不快，甚至同他爭吵。

「沉默是金」是萬人迷深諳的道理，在和別人的交往過程中，該說時說，不該說時便保持沉默；而普通人卻不管當講不當講，只管口不擇言高談闊論。因此前者受人尊敬，後者遭人厭惡。

在外交中，前中共總理周恩來不僅在中國，而且在世界上都頗具影響力，並享有很高的聲譽，他的睿智、風度和談吐，無不為世人所傾倒。尤其他在別人犯錯誤時的反應，可謂相當高明：

一九七二年，周恩來和前美國國務卿基辛格打開了中美交往的大門，做法使世界格局為之一變。基辛格到北京與周恩來談判取得圓滿成功後，周恩來為他送行。基辛格抑制不住內心的喜悅，誠懇地向他擔保：回去後一定多方奔走，爭取早日恢復中華人民共和國在聯合國的席位。基辛格越說興致越高，竟不顧外交辭令，開出了時間表：「大約一年。」周恩來始終微笑著，傳達出內心的讚賞和謝意。

就在飛機起飛不久，基辛格收到了發自美國的電報：原來，就在前一天聯大會議上，恢復席位的提案已經通過。這當然是件好事，可他想到：這麼重大的事情，周恩來肯定當時就接到了彙報，就對自己說「大約一年」的時候，周恩來總理本可以高傲地宣佈：「事已辦妥，不勞大駕。」但他沒有這樣做，只是報以友好的微笑。

面對基辛格興致勃勃、熱忱相向的面孔，周總理若直接告以真相，以基辛格的身份，他豈能不覺難堪！於是周恩來總理選擇了沉默。

化解尷尬場面的萬人迷方法！

當然沉默並不是一言不發，而是儘量避開矛盾話題，以免造成雙方不應有的衝突，從而維持良好的交際關係。

在某中學實習期間，來自教育學院的實習老師明美在黑板上剛寫了幾個字，學生中突然有人叫起來：「明美老師的字比我們裕子老師的字好看。」

真是語驚四座，稚嫩的學生哪能想到？對明美來說，初來實習，就碰到這般讓人難堪的場面，的確使人頭痛：因為萬一這種說話被裕子老師聽到的話，情況便會顯得十分難堪。於是她靈機一動，裝作沒有聽到，繼續寫了幾個字，頭也不回地說：「是誰在下邊大聲喧嘩？」

果然，一如明美老師所料，裕子老師正目睹事件的始末。明美老師緊張尷尬的神情，頓時輕鬆多了。尷尬局面也隨之消除。這樣，明美對學生的言論保持沉默，同時又顧左右而言它，可謂明智之舉。

勇敢對抗難搞上司的和子小姐

其實「直言直語」是人性中一種很可愛、很值得大家珍惜的特質，因為也唯有這種直言直語的人，才能讓是非得以分明；讓正義邪惡得以分明；讓美和醜得以分明；讓人的優缺點得以分明。只是在人性叢林裡，「直言直語」卻是一種致命傷。

麗奈和和子同在一個公司工作，她們兩個都是漂亮的女孩，麗奈性格剛直、和子聰明靈巧，而她們的上司卻是個好色之徒，經常對有些女員工動手動腳。麗奈遭到上司的騷擾時氣憤地說：「我不是隨便的人，請你別這樣。」她上司真的不再對她動手動腳，但不久，麗奈便由辦公室被調到客服部門去了。

和子對於上司的不懷好意是這樣說的：「我知道你是和我開玩笑，但我才不會相信呢！大家都知道你是個人格高尚的人，我們都很尊重你。」上司趁機下台說：「哈哈，我剛才真是跟你開玩笑的，我是想試試你是不是值得信任，現在我放心了，剛才的事，希望你就當作沒發生過。同時，你一定要注意，我們公司有幾個心術不正的人，要防止上當啊！」從此以後，和子便沒再遇到過類似的情況。

社交中，要掌握拒絕的方法，不能太過剛烈，直接硬碰，要學會以柔克剛，巧妙周旋，採取迂回戰術，這樣，在社交中才能立於不敗之地。

直言他人處事的不當或糾正他人性格上的弱點，這不會被認作「愛之深，責之切」，而會被看作和他過不去；而且，你的直言直語也不會產生多少效用，因為每個人都有一個內心的堡壘，「自我」便縮藏在裡面，你的直言直語恰好把他的堡壘攻破，把他從堡壘裡揪出來，他當然不會高興。

所以，萬人迷委婉含蓄的建議在生活的人群中會暢通無阻，而普通人的直言直語則處處遇紅燈。

在遇到尷尬場面時，該如何輕鬆化解？

在日常生活中，難免會遇到尷尬的場面，例如當你滿心歡喜地和人打招呼時被別人視而不見，又或者被別人叫錯自己的名字等…

當遇到尷尬場面時，你會如何解決呢？是和別人爭的面紅耳赤？還是六神無主、不知所措？這考驗著我們自身的智慧及應變能力，以下先提供幾個小故事，讓我們來看看有名的政治人物們，是如何化解尷尬場面的：

1. 前英國首相威爾遜

前英國首相威爾遜，在某次演講進行到一半時，台下突然有個搗蛋份子高聲打斷了他，說：「狗屎！垃圾！」威爾遜雖然受到干擾，但他情急生智，不慌不忙的說：「這位先生，請稍安勿躁，我馬上就要講到你提出的關於環保的問題了。」全場不禁為他的機智反應鼓掌喝采。

2. 前英國首相邱吉爾

前英國首相邱吉爾有一次在公開場合演講，由台下遞來一張紙條，上面只寫著兩個字：「笨蛋」。邱吉爾知道台下有反對他的人等著看他出糗，便神色自若地對大家說：「剛才我收到了一封信，可惜寫信人只記得署名，忘了寫內容。」邱吉爾不但沒有被不快的情緒控制，反而用幽默將了對方一軍，實在是高招。

3. 獨眼的國會議員

有一位獨眼的國會議員，當別人故意諷刺他說：「你只有一隻眼睛，看的清楚嗎？」他不慌不忙地回答說：「我一目了然，怎麼會不清楚呢？」

從這幾個小故事，我們可以看到運用幽默感化解尷尬的智慧。不是輕易地被激怒，和對方爭的面紅耳赤，也不因為別人挑釁話語而悶悶不樂或念茲在茲，而是運用輕鬆有趣的話語把尷尬場面化解於無形。

以下是化解尷尬場面的幾個步驟：

1. 保持鎮定。只有情緒穩定了，才能急中生智，從容不迫地想出應變方式。

2. 思考應變策略。除了運用幽默感來解決以外，還有以下幾種方法幫助我們排解尷尬場面：

a. 技術性地阻止對方說下去；

b. 快速轉移話題，把談話重心引開；

c. 淡然處之，不加理會。

相信若能善加運用這幾種方法，並加以融會貫通，每個人都將會是排解尷尬場面的萬人迷！另外，若是我們能多多思考：如何將自己遇到的尷尬場面轉換為生活笑料，轉述給周圍的親朋好友聽。也會是人生一大樂趣呢！

萬人迷仁慈寬厚，普通人眉頭緊縐

在遇到矛盾或自己受到不公平待遇時，萬人迷會說：「沒關係，我知道你不是故意的……」；而普通人則會吼道：「你是怎麼搞的，這點小事都辦不好……」

萬人迷顯示了寬容大度，與普通人所做的錙銖必較形成了鮮明的對比。當然，寬容大度換來的會是感恩戴德，而錙銖必較得到的卻是惱怒憤恨。

寬大為懷，以大局為重，不計較個人的得失，這是豁達的表現，萬人迷往往追求這種境界，總會贏得人們的讚賞和擁護。

胡佛總統的飛行表演

胡佛是著名的試飛員和特技飛行員，他在一次特技表演後從聖地牙哥返航至家鄉洛杉磯。在三百英尺的高空中，飛機的兩個發動機突然同時失靈。胡佛敏捷熟練地操縱著飛機並設法著陸，沒有人員傷亡，但機身受到了巨大的損害。

胡佛緊急迫降後首先檢查了飛機燃料。不出他所料，這架二戰螺旋槳飛機使用的並不是汽油，而是噴氣式飛機用的燃料（煤油）。

胡佛回到機場後要求和維護飛機的技工見面。當胡佛走向他時，這個為自己的錯誤懊惱不已的年輕人淚流滿面，他剛剛報廢了一架非常昂貴的飛機並使三個人幾乎喪命。

你能想像胡佛是如何地氣憤，這位嚴格且自負的飛行員將為那致命的疏忽怎樣破口大罵。但胡佛沒有怒斥犯錯的技工，甚至沒有責備他。相反，胡佛用寬厚的手臂環住他的肩膀，說：「我確定你不會再犯類似的錯誤了。為

了證明這一點，你從明天開始負責修護我的F51型飛機。」

胡佛的寬容只會激發這位技工在以後的工作中更加細心和賣力。

說話咄咄逼人廣告公司總經理

寬容大度能使人在事業上獲取成功，而斤斤計較往往會給事業的失敗播下種子。

在廣告公司的一次業務會議上，總經理向一位客戶主管提出了關於製作流程的問題。他的問題十分尖銳，語調也咄咄逼人，似乎就是瞄準了那位主管在工作中發生的錯誤。由於不願在同事面前表現出窘迫，那位主管有意回避。但是總經理更生氣了，嚴厲地指責主管信口雌黃。

他們以前的合作相當好，為公司創下了非凡的業績，但在這次衝突之後，友好的合作方式，便很快土崩瓦解了。這位主管還是個好員工，但從那以後便再也沒為公司做出過貢獻。幾個月後，他辭職了，並到了原來的競爭對手那兒工作。據說他在那裡幹得十分出色。沒過多久，原來他所在的公司因管理混亂，效益低下瀕臨倒閉。

寬容是萬人迷的秘密武器

寬容用在婚姻和家庭上，可以說是一種必不可少的潤滑劑，它對維持美滿婚姻和睦家庭起著重要的作用。

已婚的女主播的事業心較強，經常要去採訪，回到家中又忙碌著家務，和丈夫交流有所減少。一天，女主播沒出差，難得一家人在一起度週末。兒子忽然問：「媽媽，怎麼你在家裡，蘭西姨姨就不來玩了。」

「蘭西姨姨是誰？」女主播問丈夫。「是我公司剛來的新同事。」丈夫不好意思，臉有點紅。

女主播沒有再追問，只是哄著兒子說：「下次我們請蘭西姨姨來玩好嗎？」女主播想想自己對丈夫如此信任，可他竟……思前想後，心裡很難受。真想和丈夫大吵一頓，或者離婚算了。過了一會，女主播情緒冷靜多了，認識到自己經常在外，對兒子和丈夫照顧很不夠。何況自己並不能肯定丈夫和蘭西的關係。如果不分青紅皂白地和丈夫鬧，倒是自己小器了。

晚飯，她特地沒讓保姆做，自己弄了幾個丈夫最愛吃的菜。晚上，她把孩子哄睡了之後，在床上偎著丈夫，輕輕地說：「我經常外出採訪，讓你一個人在家帶孩子，實在太難為你了。我不在時你肯定很寂寞，就像我孤零零一個人睡在酒店裡一樣。現在我靠在你身上才覺得好踏實，沒有你的支援，我的工作一天也做不好。」

丈夫一聲不吭，憐愛地撫摸著女主播的頭。女主播輕問：「我們週末一起請她來吃晚飯好嗎？」丈夫面有難色的答應了。

週末，女主播又一次親自下廚。蘭西來了，女主播熱情地進行了款待。臨走時，女主播特地讓丈夫看孩子，自己獨自一人把蘭西送下樓，拉著她的手說：「謝謝你常來帶我們寶寶玩，怪我自己工作太認真了，對他們缺乏照顧。好了，不遠送你啦，有空歡迎你常來玩。」一席話讓蘭西又是感激又是慚愧。

面對第三者的出現，女主播十分冷靜。因為吵鬧無濟於事，若說「硬」話，以潑辣、強制手段來解決，勢必把自己的丈夫推向了「第三者」，只有用寬容大度和溫柔重新喚起丈夫心底的溫情才能挽回原有的家庭。

在萬人迷的心中，寬容成了一件威力無窮的法寶，不管是在社會中還是在家庭裡，它都會令人帶來意想不到的收穫和驚喜，而在普通人的頭腦中，錙銖必較則永遠是一道厚重的牆壁擋在他前進的路上。

加拿大總理杜魯多是位具吸引力的「暖男」。

Chapter Three
吸引力應用法則

萬人迷做事行動迅速，普通人事事要人督促

在人的一生中，總有著種種的憧憬、種種的理想、種種的計畫。假使我們能夠將一切的憧憬都抓住，將一切的理想都實現，將一切的計畫都執行，則我們事業上的成就，真不知要怎樣的宏大；我們的生命，真不知要怎樣地偉大！然而我們總是有憧憬而不去抓住，有理想而不去實現，有計劃而不去執行，終於坐視各種憧憬、理想、計畫消逝！

如何準備考試，相信大多數人都曾經經歷過。例如約翰的計畫就很好，

他打算晚上精神較集中時，看點比較花腦筋的書，於是他七點準備看書，但晚飯吃得太多，就看電視休息一會，他本來只想看一會，誰知節目太精彩，待看完時已過了一個小時；八點時，剛坐下來看書，又想起了要給女朋友打個電話聊聊，又花了近四十分鐘，而後又接了個電話花了二十分鐘。

當他走到書桌前，又看見樓下運動場有人打籃球，一時手癢又打了一個小時，打完後全身是汗，就去沖洗一番，後來有點疲倦，又覺得應該小睡片刻，還要吃點夜宵。這個準備用功的晚上很快就過去了。最後在半夜一點鐘才打開書本，但這時已經看不下去了，只好投降，蒙頭大睡。

第二天他對教授說：「我希望你再給我一次機會，我真的很用功，為了這次考試，我昨晚溫習到半夜兩點呢！」然而，現實很殘酷，他的考試沒通過。

哈里先生的成功故事

事實證明，懶惰常會使我們與成功失之交臂，我們要克服懶散的習慣。

懶散成為習慣，可見它並非一朝一夕形成，克服它也需我們下定決心。要像萬人迷那樣，選定目標後，就雷厲風行地做，絕不拖拉推遲。

著名作家哈里曾經是美國海岸警衛隊的一名廚師。空餘時間愛上了寫作。他決定用兩到三年的時間寫一本長篇小說。為了實現這個目標，他立刻行動起來。每天晚上，大家都去娛樂了，他卻躲在屋子裡不停地寫啊寫。這樣整整寫了八年以後，他終於第一次在雜誌上發表了自己的作品，可這只是一個小小的豆腐塊而已，稿酬也只不過是一百美元。

稿費沒有多少，欠款卻越來越多了，但他仍然寫個不停。朋友們見他實在太貧窮了，就給他介紹了一份到政府部門工作的差事。可他卻拒絕了，他說：「我要做一個作家，我必須不停地寫作。」有時候，他甚至沒有買一個麵包的錢。儘管如此，他仍然鍥而不捨地寫著。又經過了幾年的努力，他終於寫出了預想的那本書。因為不停地寫，他的手指已經變形，他的視力也下降了許多。為了這本書，他花費了整整十二年的時間，忍受了常人難以承受的艱難困苦。

小說出版後立刻引起了巨大轟動，僅在美國就發行了三百七十萬冊平裝本和一百六十萬冊精裝本。這部小說還被改編成電視連續劇，觀眾超過了一億三千萬，創電視收視率歷史最高記錄。這位了不起的作家獲得了普利策獎，一下子收入五百多萬美元。

哈里的成名作就是我們今天經常讀到的《根》。哈里說：「取得成功的唯一途徑就是努力工作，並且立刻行動，對自己的目標深信不疑。你必須有理想和信心，遇到艱難險阻必須設法克服它。因為世上並沒有甚麼神奇的魔法可以將你一舉推上成功之巔。」

普通人做事總是拖泥帶水

凡是應該做的事，而拖延著不立刻做，而想留待將來再做，有著這種不良習慣的人總是普通人。凡是萬人迷，總是能夠在一件事情剛剛發生的時候，就立刻迎頭去做的人。

成功學大師拿破崙•希爾告訴我們，機遇與我們的事業休戚相關，機遇是一個美麗而性情古怪的天使，她倏爾降臨在你身邊，如果你稍有不慎，她又將翩然而去，不管你怎樣扼腕歎息，她卻從此杳無音訊，不再復返了。所以，做事雷厲風行的人，往往能抓住機會，成就夢想。

做事總是抓對時機的迷人技倆

在商業活動中，時機的把握甚至完全可以決定你是否有所建樹。美國的百貨業大亨約翰•甘布士的經驗之談極其簡單：「儘快行動，抓住哪怕只有萬分之一的可能。」

有一次，地方經濟蕭條，不少工廠和商店紛紛倒閉，被迫賤價拋售自己堆積如山的存貨，價錢低到一美金可以買到一百雙襪子了。

那時，約翰•甘布士只是一家織造廠的技工。他馬上把自己積蓄的錢用於收購低價貨物，人們見到他這股傻勁，都公然嘲笑他是個蠢材！甘布士對別人的嘲笑漠然置之，依舊收購各工廠拋售的貨物，並租了一個很大的貨倉來貯貨。

他妻子勸說他，不要把這些別人廉價拋售的東西購入，因為他們歷年積蓄下來的錢數量有限，而且是準備用做子女教養費的。如果此舉血本無歸，那麼後果便不堪設想。

對於妻子憂心忡忡的勸告，甘布士笑過後又安慰她道：「三個月以後，我們就可以靠這些廉價貨物發大財。」

甘布士的話似乎兑現不了。過了十多天後，那些工廠賤價拋售也找不到買主了，便把所有存貨用車運走燒掉，以此穩定市場上的物價。

太太看到別人已經在焚燒貨物，不由得焦急萬分，抱怨起甘布士。對於妻子的抱怨，甘布士一言不發。

終於，美國政府採取了緊急行動，穩定了地方的物價，並且大力支持那裡的廠商複業。

這時，本地因焚燒的貨物過多，存貨欠缺，物價一天天飛漲。約翰‧甘布士馬上把自己庫存的大量貨物拋售出去，一來賺了一大筆錢，二來使市場物價得以穩定，不致暴漲不斷。

在他決定拋售貨物時，他妻子又勸告他暫時不忙把貨物出售，因為物價還在一天一天飛漲。他平靜地說：「是拋售的時候了，再拖延一段時間，就會後悔莫及。」

果然，甘布士的存貨售完不久，物價便跌了下來。他的妻子對他的遠見欽佩不已。後來，甘布士用這筆賺來的錢，開設了五家百貨商店，生意十分興旺。

萬人迷雷厲風行的做事作風，使他們在事業上、生意場上、工作中都能得心應手；普通人的拖拉只能浪費時間和失去機會。如果把你單獨一天所浪費的時間記錄下來，你會發現，由於拖拉和懶惰而浪費掉的時間實在太多了。

萬人迷從細微處關心他人，普通人處處為自己打算

在這樣的一個故事：天堂中，上帝把珍饈佳餚賜給兩群人——萬人迷和普通人。在這兩群人的面前，每人都放了一雙很長的筷子。那群普通人迫不及待地拿起筷子，夾起食物，卻怎麼也送不到自己嘴中；而另一群萬人迷卻不慌不忙地用筷子夾起食物送到對面人的口中，而對面的人用同樣的方法把食物餵進萬人迷的嘴裡。這雖是一則寓言故事，但卻能充分反映出生活中的兩種人的處事方式和不同的得失。

生活中人們之間的交往就是這樣，付出總有回報，投之以桃、報之以李，若投之以自私，則報之以無情。

令人感激流涕的超感動場面～

戴安娜王妃雖已經去世多年了，但英國好多人都還緬懷她，因為她有一顆平易近人，關心他人的善良的心，這曾經使許多人為之感動。

英國一個著名的芭蕾舞明星艾莉，才二十二歲，不幸由於患了骨癌準備截肢。手術前，艾莉的親朋好友，包括她的觀眾聞訊趕來探望。這個說：「別難過，沒準兒出現奇跡，還有機會慢慢站起來呢。」那個說：「你是個堅強的孩子，一定要挺住，我們都在為你祈禱。」艾莉一言不發，默默地向所有人微笑致謝，但眾人看得出，她還是非常憂鬱。

艾莉很想見到戴安娜王妃，她優美的舞姿曾得到戴妃的讚美，誇她像

「一隻潔白的小天鵝」。戴安娜王妃終於在百忙中趕來看望她。她把艾莉摟進懷裡說：「好孩子，我知道你一定很傷心，痛痛快快地哭吧，哭夠了再說。」艾莉一下子淚如泉湧。自從得了病，甚麼安慰的話都有人說過了，就是沒有人說過這樣的話，艾莉覺得最能體貼理解她的就是這樣的話！

戴安娜雖出身富家，卻沒受過高等教育，她經常自嘲自己笨得像牛，智商不高。但是我們相信她的情商一定很高。這種獨有的天賦讓她的形象在人們心中永遠那麼溫柔善良，頗具親和力，是很多人不能夠替代的。

在滿腹牢騷的老伯身上成功拿取金錢！（不是祈福黨啊～）

在日常生活中，我們不難見到有些人卻只考慮到自己，不知道關心別人或很少關心別人，那麼他們又會得到甚麼呢？

美國著名推銷員法蘭克・貝特克，曾使一個拒人於千里之外的老人捐出了一筆巨款。

有一次，為籌建新教會進行募捐活動的時候，有位過去曾找過當地首富卻碰了一鼻子灰的人，訴說著當時的情景，他最後說：「我至今接觸過不計其數的人，從未見過像那老頭那樣不近人情的人。」

這個老富翁閉門不出，跟所有的人切斷聯繫已經快一年了。其原因就是老人的獨生子慘遭歹徒殺害，老人發誓說要獻出餘生尋找仇敵，為兒子報仇。可是過了很長一段時間，也沒有找到一點線索。老人傷心之餘，決定與世間「絕緣」，不理世事。聽到這裡，法蘭克自告奮勇決定要找那老人試一試。

第二天早晨，法蘭克按響了那間豪宅的門鈴。過了很長時間，門口才出現了一位滿臉憂傷的老人。

「你是誰？」

「我是你的鄰居。你肯讓我跟你談幾分鐘嗎？」

「甚麼事？」

「是有關你兒子的事。」（這時候，他注意到老人的眼皮不由自主地跳了幾下）

「那你進來吧。」

在老人的書房坐下，法蘭克小心翼翼地提起了話頭：「我理解你此時巨大的痛苦。我也只有一個獨生子，他曾經走失過，我們兩天多沒有找到他，我能想像得到你有多麼的悲傷。我知道你非常愛你的兒子。我深切同情你的遭遇。為了讓我們都記住你的兒子，所以我想請你以你兒子的名義，為我們新建的教會捐贈美麗的彩色玻璃窗，上面會刻上你兒子的名字，不知你……」

聽到法蘭克恭敬而暖心的話語，老人似乎有些心動，反問道：「做窗戶大約需要多少錢？」

「到底需要多少，我也說不清楚，你只要捐贈你願意捐贈的數量就可以了。」

過了幾分鐘，在老富翁的陪同下法蘭克懷揣五千美金的支票走出豪宅——這在當時是一筆驚人的數額。

怎麼別人都碰了釘子，為甚麼法蘭克偏偏就能如願以償呢？法蘭克是這麼表述自己的秘密的：「我去找那位老人，並不是為了貪圖得到巨額贊助，而是為了使那位孤獨的老人重新回到人們中間。所以，我就跟他談論他心愛的兒子，用兒子的愛喚醒了他的心。」

事實上，當別人遭遇坎坷或不幸時，我們可能幫不上甚麼大忙，但幾句關心的話就可能起到「雪中送炭」的效果，自己也得到快樂，我們何樂而不為呢？

日本的真子公主性格爽朗，願意下嫁平民及為對方下廚，原來做公主不必然有「公主病」的。

魅力教室

如何從工作上的細節，讓你倍受歡迎？

假如某人在衣服上掛了一個小小的胸飾，如果你發現後及時地稱道，説不定會因為這點小事而使他對你異常好感；一貫對你冷漠的某人突然對你笑臉相待，這也許是你們改善關係的一個良好開端；如果你把約會時間八點三十分改成八點三十五分，説不定因此會讓他人對你「刮目相看」……

不要小瞧了這些人際交往的細節啊！只要用心去挖掘和讚美他人的美事，便能夠使你在平地裡築起一座「人緣大廈」……

一 讚美他人的「得意小作」

每個人，不論職位的高低，都有令他們自豪的地方。這些令他們自豪的地方可能是：擅長做一道美味的菜、擅長折疊各種各樣的手工，對某方面的知識十分有研究等……

如果你對這些小小的長處加以稱讚，肯定會令他們高興的。要知道，從獲得人緣這個角度來說，稱讚小小長處比誇獎人人皆知的優點更有效果。

二 記住他人的「隨意話語」

每個人的話語並非句句都是金句，並非句句都擲地有聲，有些話語說過了，不多久，講的人就會忘了，或者不再去留意它了。

不過，如果你適時適地提起他以前說過的話，如：「你曾說過……至今我還記憶猶新。」對方一定會因為受到你的重視而高興萬分，並認為你是一個細心的人、一個非常關心他人的人。如果你不但記住他人隨意話語，而且還按照他的隨意話語辦理，那會更加效果顯著了。

記著，在日常生活中，隨處都可以發掘到一堆又一堆的「金礦石」。只要你懂得開採的話，「人緣黃金」自會使你無比富有！

萬人迷懂得休息，普通人天生工作狂

熱情地投入工作並不能表明你是一個喜愛工作的人，相反的，這是對自己的生命所進行的危害。

萬人迷不做工作狂，他們知道休息，注意自己的健康，他們懂得工作是工作，生活是生活，不會因為瘋狂地去工作，而拋棄了生活中應有的輕鬆和快樂，更不會拿工作獲得的高額報酬，來出賣自己寶貴的健康和生命。

工作狂們晚睡早起，追逐金錢事業，經常把自己的親人冷落一旁，從早到晚，忙個不停，為每一枚新增的銅板而歡喜，或者為它們的失去而悲傷。

而閒情、親情、友情，乃至愛情，都被他們踩在了匆忙而疲憊的腳步下，塞進了厚薄不一的錢夾中，夾進了厚重的教科書裡，甚至扔進了垃圾堆中。

工作狂無暇思考，一會兒忙著報考最熱門的學科，一會兒又蜂湧著學習最賺錢的技能，一會兒又去尋求最易發財的職業：他們焦躁而又精疲力竭，如同鬥牛場上瘋狂而又即將倒下的公牛。

企業家先生的領悟

「企業家」為了不斷拓展的事業而長期在外奔波，忽略了妻子的溫柔，忽略了兒子的成長，而他還滿心驕傲地以為自己的不辭辛苦讓親人過上了一天強似一天的日子。

忽然有一天，積勞成疾的他被送進了醫院，診斷結果為癌症。他躺在病床上，望著眼角已爬上細細皺紋的妻子和長得比媽媽還高了的兒子，突然明白自己過去有多傻多天真：用長久的別離換得的優裕的物質生活環境，又怎能替代親人相守的天倫之樂呢？他流著淚向妻兒許諾，只要自己病能好，一家人再不分開，一起去旅遊，去看海，去山頂觀雲霧。

後來經過翻查發現原來是誤診，只不過是良性腫瘤，手術後不久他就出院了。他沒有忘記自己的諾言，但公司積壓已久的事務亟待他去處理，大大小小的會議等著他去出席。他不由得感歎身不由己。黃山雲霧，只有在夢裡相見了！

普通人的思考盲點：甚麼才是真正要緊的？

為甚麼經歷了與死神擦肩而過的驚險，還不能拋開種種俗務的紛擾？忙忙碌碌、憂心忡忡的人，為何不問問自己：甚麼才是真正要緊的？

實際上這是很不幸的事情，事業只是人生的一部分，缺少愛與被愛的生命並不完美，或者說，人生的成功自然包含著人人想得到的功成名就，但它並不是最重要的，更不是唯一照亮世界的太陽，人生最重要的是要活得瀟灑。明白這一點，對於那些每個整日為工作而奔波勞碌的人大有必要。

不論工作有多麼緊張，萬人迷都不會像普通人那樣把自己看作一台連軸轉的機器，他們不管時間有多麼緊迫、任務有多重，工作強度有多大，他們都要適當停下來，給自己以放鬆。

一位公司CEO在生意正紅火的時候，突然辭了職，一個人跑到美國去進修。有人問他：「為甚麼呢？放棄你的生意不覺得可惜嗎？」他說：「有甚麼可惜的！人生苦短，做愛做的事，而且要想在有限的一生中比別人活得更多些，就要把人生分成一截一截來過。」他解釋道：「上一截我的人生主要目標是賺錢，現在我認為已經賺夠了足以養老的錢，然後這個階段，也就是今後的五六年，我的人生主要目標就是出國研修、旅遊、開眼界，盡享愛情。再往後的一截還沒想好，也許會去寫書，也許做更大的生意。每一截人生我都認真投入地去做。這樣我的一生會很豐富，盡可能地實現我想要的生活形態。」

看似刻不容緩的事情，其實情況並沒有想像般的壞

要使生活過得更有意義，並不是甚麼難題，你也無需急躁。你應學的是協調，做到工作生活兩不誤，不要因休閒娛樂而耽誤工作，也不必做茶飯不享的工作狂。無止境地日夜工作同無休止地追逐玩樂一樣不可取——許多事情並非刻不容緩，你只需安排好在適當的時間完成它即可。

第二次世界大戰時，邱吉爾到北非蒙哥馬利指揮部討論戰略事宜時，蒙哥馬利對他說：「我不喝酒，不抽煙，晚上十點鐘準時睡覺，所以我現在百分之百的健康。」邱吉爾卻持相反的意見，他說：「我既抽煙又喝酒，而且從不準時睡覺，但我現在卻有百分之二百的健康。」很多人知道後都引為怪事，為甚麼會有百分之二百的健康呢？

生活中的邱吉爾，在戰事最緊張的週末依然能去游泳；在選舉戰白熱化的時候依然能去垂釣；剛一下台依然能去畫畫；還有再忙也不忘點燃以示悠

閒心境的斜插在微皺嘴角的那只雪茄。

工作的目的是為了給個人的生活賦予意義

有時候人們之所以容易迷失和苦惱，是因為想要的太多，並且想一下子得到，結果拼命地去做，卻把自己局限在一個狹窄的圈子裡而不能自拔，並且經常忘記活在這個世上到底是為了甚麼，是只是為了工作，還是要充分體驗人生？

工作的目的不僅僅是為了生存，更為重要的是為了給個人的生活賦予意義，賦予光彩。不管你是誰，也不管你是做甚麼的，作為一個人，你人生最重要的意義莫過於保持愉快平和的心理狀態，當然還要使你至愛的情侶親朋快樂。如果你把心思全放在完成工作任務上，你就永遠不會找到生活的樂趣。除了工作，人生中還要有親情、愛情、雅興，以及一切能夠提高生活品質的因素。

一位卓越的實業家每天承擔著巨大的工作量，沒有人能夠分擔他的任何一點點工作。他每天都得提一個沉重的手提包回家，包裡裝的是必須處理的急件。緊張勞累的工作，使得他身心疲憊不堪，於是，他不得不去醫院診療。醫生給他開了處方：每天散步兩小時；每星期空出半天的時間到墓地走一趟。

這位實業家對此迷惑不解：「為甚麼每星期要空出半天的時間到墓地走一趟呢？」「因為……」醫生不慌不忙地回答，「去瞧一瞧那些與世長辭的人的墓碑。你可以仔細思考一下，他們生前也與你一樣，認為全世界的事都得扛在自己的肩上，如今他們全都長眠於黃土之中。也許將來有一天你也會加入他們的行列，然而整個地球的活動還是永恆不斷地進行著。」

是的，生命的意義不在於緊張、忙碌，而應適當放鬆、緩解，有了放鬆的身心，生活才過得更有意義，更加美好。百忙之中的你，一定不要忘了忙裡偷閒，給自己以放鬆。人生如果失去了閒暇，只是工作，為活下去而拼命工作，還有甚麼快樂、樂趣可言？給自己留點時間輕鬆一下，生活才會多姿多彩。

但願普通人的生活、工作方式能給你帶來一些警戒，萬人迷的「悠閒」能給你一些啟示。

萬人迷為最壞結果做準備，普通人凡事往壞處想

做人有時真的很無奈。生活中有好多東西我們無法去左右，如生存環境、工作條件、突如其來的災難等，但是我們應該對自己有信心、去適應、去改造這些擋在我們前面的阻礙。

當出現壞的結果時，萬人迷從不抱怨，也不等待，而是積極地為改變這種結果做準備，不到最後一刻，絕不會屈服；而普通人則會長歎「天意如此，非人力可為」！便如同一隻被牽入屠場的綿羊，引頸就戮，不做絲毫抗爭。兩種不同的心態，便會引發兩種不同的命運。

一個攀石的女孩，她喜歡挑戰自己的極限、挑戰自然的極限。這一天，她獨自攀上了一個高達三十多米的懸崖。她解下腰間的那根繩子，準備收拾起來，以備下去時再用，一不小心，繩子順著山崖滑了下去。她趕緊去抓，但是已經太遲了，轉眼之間，繩子已經掉到地面上了。她急得滿頭大汗。

難道今天只能困在這裡嗎？女孩無奈地想著。正在這時，她看到遠處有一個牧童，她趕緊大聲呼救。牧童跑了過來，他向上看了看，然後迷茫地搖了搖頭。懸崖太高，根本無法營救。女孩也急得手足無措，難道今天只能困死在這裡嗎？突然她靈機一動，她對牧童喊道：「別著急，我有辦法！」

她剪下一縷頭髮，一根根地繫在一起，結成一根幾十米長的「細繩」，從懸崖上垂了下去。牧童則把地上的那根繩子劈成一縷一縷的細繩，繫在頭髮上。輕輕一用力，女孩就把這根細繩拉上了山崖。之後，牧童又把較粗的繩子繫在細繩下面那一端。就這樣，最後，女孩終於把那根粗繩拉了上來。她把這根粗繩在山崖上固定好，順著繩子，女孩從懸崖上滑了下來，脫離了險境。

當你走投無路，當你身處絕境，不妨打開你的心靈，打開你的頭腦，向自己求助，天無絕人之路，辦法總是會有的。你所擁有的一切資源，都應該充分利用起來——哪怕脆弱的頭髮，也能為你創造出意想不到的奇跡！如果那個女孩不是積極去為活命準備條件，可能就會是另一種結果。

人生總會有遇到狂風暴雨和暗礁的時候

人生的航船不可能總在風平浪靜的大海中前進，當遇到狂風暴雨和暗礁的時候，灰心喪氣，隨波逐流不會有任何的作用，重要的是堅定自己的信念，做一名優秀的舵手，使生命之舟安然渡過風雨和險灘。在商業經營中更是如此：

有兩家餐館，所處的地理位置極差，交通也不便利，用餐的顧客很少。一家餐館的老闆，面對如此蕭條的生意整天唉聲歎氣，埋怨自己沒有眼光，當初不該花那麼多錢在這裡開餐館，這下完了，自己十多年的心血算是賠得血本無歸了。沒多久這家餐館便關門大吉。

另一家餐館老闆的朋友也勸他關門算了，另謀出路，但是這個老闆卻沒有這麼做。他決定去看看其他餐館的經營狀況。他扮做一個顧客，一個餐館一個餐館地去察訪。最後，老闆發現，那些地處鬧市區、生意較好的餐館有一個共同點：「現代派」味道十足，而且熱鬧非常。老闆不止一次發現一些不喜歡熱鬧的顧客直皺眉頭，匆匆用餐後離去。

老闆想起了自己餐館所處的獨特幽靜的地理位置，不由躍躍欲試：「來個幽靜高雅，會是怎麼樣呢？」

老闆請來裝修工將餐館的外貌精心裝飾得淡雅、古樸，屋內的裝飾只用白、綠兩種顏色，白色的柱子、白色的桌椅，綠色的牆、綠色的花草。老闆還用莎士比亞時代的酒桶為顧客盛酒，用從印度買來的「古戰車」為顧客送菜。

奇跡出現了：早已被喧囂聲搞得不勝其煩的顧客們聽說有一個古樸幽靜

的餐館可以進餐，一傳十，十傳百，紛至眾來，餐館的生意頓時好轉。

萬人迷會為好的結果做充分準備

同樣的條件下，萬人迷為好的結果做充分的準備，來轉變劣勢，走向成功；普通人只能在作一陣悲觀的思想鬥爭後，選擇了放棄。

生活中不可能有十全十美的好事。我們在任何時候都要擁有萬人迷那種積極的生活態度來看待它，這樣，生活也會給我們以積極的、豐厚的回報，你若以普通人的消極態度對待生活，那麼生活回報你的也將是悲觀和失望。我們無法改變已有的環境，但我們可以為將來做充分的準備。

有一對居住在美國休士頓的猶太父子，靠做銅器生意為生。一次，父親問兒子，一磅銅的價格是多少，兒子答35美分。父親說：「不錯。所有美國人都知道每磅銅的價格是35美分，但作為猶太人的兒子，你應該說3.5美元。你試著把一磅銅做成門把手看看。」

很多年之後，父親死了，兒子獨自經營銅器店。他做過銅鼓，做過瑞士鐘錶上的簧片，做過奧運會的獎牌。他甚至曾把一磅銅賣到3500美元的天價。他就是後來的麥考爾公司的主席。

但是，真正使他揚名的，是紐約州的一堆垃圾。美國政府向社會廣泛招標，清理給自由女神像翻新而扔下的廢料。但好幾個月過去了，沒人應標。正在法國旅行的猶太人聽説後，立即飛往紐約，看過自由女神像下堆積如山的銅塊、螺絲和木料，未提任何條件，當即就簽了字。

在紐約州，垃圾處理有嚴格的規定，弄不好會受到環保組織的起訴。因此很多同行對他的舉動暗自發笑，認為他的行動是愚蠢的。就在一些人要看他的笑話時，他開始組織工人對廢料進行分類。他讓人把廢銅熔化，鑄成小自由女神像；他把木頭等加工成底座；廢鉛、廢鋁做成紐約廣場的鑰匙。最後，甚至是自由女神像上的灰塵都被掃下來，包裝起來賣給花店。不到三個月的時間，他讓這堆廢料變成了350萬美元現金。每磅銅的價格整整翻了一萬倍。

Chapter Four
萬人迷製造工場

萬人迷每天都有玩樂的時候，普通人每天都夢想享有歡樂時光

萬人迷認為珍惜時間就是珍惜生命，他們會努力過好每一天，在追求事業成功的同時，也懂得合理地利用時間享受生活的快樂。對於沒有價值的事，他們絕不去浪費自己寶貴的時間。

另一方面，雖然普通人也在忙碌地生活，但我們並沒有看到他們有甚麼成就，因為他們所謂的「忙碌」，有一大半是把時間浪費在可做可不做的沒有價值的事情之上啊！

時間是最公平最珍貴的。金錢買不到它，地位也留不住它。所以，我們要珍惜時間，善用每分每秒，不要虛耗它。以下讓我們看看一些在歷史上聲名顯赫的人是如何善用時間：

首相先生的快樂工作哲學

在二次大戰期間，英國前首相邱吉爾已經六十多歲了，但他卻能夠每天工作十六個小時，一年一年地指揮英國作戰，實在是一件很了不起的事情。

邱吉爾的秘訣在哪裡呢？他每天早晨在床上工作到十一點，看報告、口述命令、打電話，甚至在床上舉行很重要的會議。吃過午飯以後，他要再上床去睡一個小時。到晚上，在八時吃晚飯以前，他要再上床去睡兩個小時。他並不是要消除疲勞，因為他根本不必去消除，他事先就防止了。

因為邱吉爾經常休息，所以他可以很有精神地一直工作到半夜之後。

總裁先生發現另一個自己

世界上最大的化學公司——杜邦公司的前總裁格勞福特•格林瓦特每天擠出一小時來研究一種世界上最小的鳥——蜂鳥。權威人士把他寫的關於蜂鳥的書稱作自然歷史叢書中的傑作。

議員先生的書海暢泳

議員休格•布萊克進入美國議會前，並未受過高等教育，他從百忙中每天擠出一小時到國會圖書館去博覽群書。數年如一日，就是在議會工作最忙的日子裡也從未間斷過。

後來，他成了美國最高法院的法官，是最高法院中知識最淵博的人士之一，他的博學多才也使美國人民受益匪淺。

紡織業CEO畫出彩虹

威爾福•萊特康麗奮鬥了四十年，成了全世界紡織業的巨頭之一。儘管工作十分忙碌，他仍然渴望有自己的興趣愛好，決定每天抽一小時來畫畫。

為了保證這一小時不受騷擾，他每天清晨五點前就起床，一直畫到吃早餐。他說：「其實那不算苦，一旦我決定每天在這一小時裡學畫，每天清晨這時候，渴望和追求就會把我喚醒，怎麼也不想再睡了。」

數年下來，他舉辦了多次個人畫展，其中有幾百幅被人用高價買走。他把用這一小時作畫所得的全部收入作為獎學金，專供給那些搞藝術的優秀學生。他說：「捐贈這點錢算不了甚麼，這只是我的一半收穫。從畫畫中我獲得了很大的愉快。」

總統先生的發熱發光

富蘭克林•羅斯福總統在戰爭最艱苦的年代裡，強迫自己擠出一小時來集郵，藉以擺脱周圍的一切，這點時間的獨自清靜換來了他的新的精神面貌。

無數的事例都在向我們證明：每天花一小時做你想幹的任何事情吧！這有助於挖掘出你身上的潛在能力，使心靈更美，生活更有情趣，生命更有意義。

普通人的懶惰工作格言

同萬人迷的合理安排時間相比，普通人總是把時間浪費在拖拉或做毫無意義的工作上去了。

威廉大學畢業後，為了找一份「理想」的工作而四處奔波，他先到一家電器公司做銷售，做了僅兩個月，便覺得工作無聊又太出力，於是便辭職不做了，之後轉到一家報社當編輯，又勉強做了半年，便又跳槽了⋯⋯

就這樣，多年來他不知換了多少份工作，他的同學有的成了老闆，有的成為大公司的業務總經理，但他還在忙忙碌碌地尋找工作，當朋友們問威廉近來過得怎樣時，他總是說：「挺忙的。」幾年來，他確定忙得焦頭爛額，顧不得找女朋友，但他究竟在忙些甚麼，恐怕連他自己也說不清。其實，他是把時間都浪費在毫無意義的事情上。

我們要快樂地生活和工作，就要珍惜時間，像萬人迷那樣努力過好每一天，不讓時間白白地浪費掉，就讓快樂計畫作為我們的行動計畫吧！

魅力教室

萬人迷的時間管理技巧

提高工作效率的關鍵，在於專心一志地去做最有價值的工作，一次只做一件事情，並不斷實踐，將其養成工作習慣。這樣，工作效率就會成倍地增加，進而獲得更多的可自由支配的時間，有效地進行時間管理。

下面是一些具體的工作方法，供大家參考：

1. 盡量避免被打擾

電話、信件是一個被打擾的因素，如何處理是很關鍵的事情：

對於非技術支持性質的工作，信件一天處理兩次即可，可以在某個固定時間集中處理；對於電話，要盡量縮短被打擾造成的影響時間，盡快回復到原工作狀態。

有時候，電話鈴響時，先不急著去接，把手裡的工作，做一個記號，這樣，接完電話以後，可以通過記號知道自己做到甚麼地方、甚麼程度，就可以很快地再接續上。

2. 留給自己思考的時間

少看，多想，思考的思路要及時寫道記事本或者電子文檔中，記錄在手機裡也是不錯的選擇，因為一些思想的火花可能會稍縱即逝，因此要將其記錄下來。以便日後整理。

3. 關掉即時通信軟體

所有的如msn、WhatsApp、WeChat 一類的即時通信軟體都是影響人專注思考的禍端，要避免被人打擾，要關閉它們啊！如果非要查詢離線資訊，那麼就以invisible mode上網吧。

4. 忘記垃圾信件

不要浪費時間在被過濾的數百封信件中，希望尋找少見的「非垃圾」信件，如果別人的信件確實重要，那麼他肯定會撥電話給你的，所以不要再浪費時間去看垃圾信件了。

萬人迷先贊同後搞定，普通人經常總是搞不定

有些人很愛面子，有時候儘管他們做錯事，但為了面子問題，往往要和別爭辯一番，而爭論的結果只會使雙方鬧得不歡而散。

其實，儘管有時你在爭論中佔了上風，但對方的內心卻會對你產生更多的不快或痛恨。所以，在爭論中是沒有真正贏家的。

萬人迷充分利用人性的「好勝心」或「虛榮心」，不做過多的爭論，肯定對方的觀點，使其獲得自尊感，事情的結果往往會達到自己的目的。而普通

人逞一時口舌之強，過分強調自我，喜歡指責別人，而後果卻可能很可悲。

小川和洋介的水火不容

話說在多年前，小川和洋介兩位學生時代的同窗好友，畢業後一起進入了演藝圈，小川選擇當導演，洋介則當了演員。由於二人都很有才華，再加上彼此的勤奮努力，很快就在各自的領域上站穩了陣腳。有一次，兩人終於有機會合作一部電影，彼此都很高興。

但是，小川導演一向對演員的要求都十分嚴格，在拍戲的過程中，對自己的昔日好友也毫不客氣地加以指責。有一天，小川因為幾個鏡頭老是拍不好，不禁衝著洋介大發脾氣，一句口頭禪也隨之脫口而出：「我從來沒見過這麼爛的演員！」由於洋介也是一個好強的人，一聽此話，臉色蒼白，當即走回休息室，不肯繼續拍戲。

後來，經過眾人的勸說，小川來到休息室，對洋介說：「你知道，人在生氣時，難免出口傷人，可是冷靜下來想想…」洋介見小川是前來道歉的，不禁把頭抬得高高的。小川見此，竟然支支吾吾講不出後面的話來，過了半天才突然說：「我…我想了想…還是覺得你是個很爛的演員！」此話一出，結果可想而知，洋介演員辭演了這部電影，並和小川從此絕交。

老是叫人閉嘴的售貨員

在做出否定對方之前，我們應該好好思考一下：怎樣才能使他接受自己的意見，而不至於搞得雙方都不愉快？好朋友之間也應如此，不然可能因自己的不慎，使多年的友誼毀於一旦。

前美國國務卿基辛格每次到訪香港都喜歡訂造西服，可是有一次因時間趕緊，他只好在一家百貨公司裡買了一套西服，可是因為上衣褪色，把他的襯衫領子都染黑了。

等他辦完正事，回美途中再經香港，他便將這套衣服帶回百貨公司，找到賣給他西服的售貨員，並說明瞭有關情況。可是話還沒有說完，就被售貨員打斷了，顯然他並不認得眼前這位老者的來頭。

這位售貨員反駁說：「這種衣服我們已經賣出了好幾千套，這還是第一次有人來挑毛病。」而售貨員說話的聲調聽起來比這套衣服更讓人難以接受。他那充滿火藥味的聲音好像在說：「你說謊。你想找事兒，是不是？我就不吃你這一套。」

正當基辛格不知怎樣回應的時候，另一個售貨員又加入進來。「所有的黑色衣服起初都會褪顏色的，」他說，「那是很自然的事。這種價格的衣服，都會褪色的。那是顏料的關係。」

基辛格馬上意識到：「第一個售貨員懷疑我的誠實；而第二個卻暗示我買了一件劣質貨」。到這時候，他再也不能忍受了，頓時火起。

令總統先生笑咪咪的經理及時趕到！

正基辛格準備罵那兩位售貨員的時候，售貨部的經理走了過來。是經理完全改變了他的態度。顯然，經理很懂得其職務的重要性，使他由一個惱怒的顧客變成了一位滿意的顧客。

「那位經理制止了爭吵，要我說明緣由，他靜靜地聽我從頭至尾講了一遍事情的經過，沒有插一句話。當我說完的時候，那兩個售貨員又想說他們的意見，但是這位經理站在我的立場，與他們辯論。他不僅指出我的領子顯然是被西服弄髒的，並且堅持說不能讓顧客滿意的商品，他們商店就不應該出售。最後，他承認他不知道毛病的原因，並坦率地對我說：「你希望我如何處理這套衣服？你說甚麼我們都可能照辦。」基辛格憶述。

「我幾分鐘以前還想著無論如何也要把這件可惡的衣服退給他們，但我現在回答說，我只想聽聽你的意見。我想知道這種情況是否是暫時的，或者

還有沒有甚麼辦法可以解決。」

於是，那位經理建議他將這套衣服再穿一個星期試試。他說：「如果到那時候你仍不滿意的話，我們一定會給你拿一套你滿意的。這樣讓你麻煩，我們感到非常抱歉。」

基辛格聽了經理的話，滿意地走出了這家商店。一星期後，這衣服再也沒有甚麼毛病，也完全恢復了對那家商店的信任。

萬人迷豎拇指，普通人用中指

那位售貨部經理之所以能坐到經理位置，自有其道理。而至於他的兩位下屬員工，就讓他們終身停留在店員的崗位上去吧！最好他們應該被調到包裝部去，永遠也不要和顧客打交道。

有些人並不比我們聰明，也並沒有我們勤奮，而他們卻擁有比我們更多的財富和朋友，在事業上徑直走向成功，這其中的奧妙是甚麼呢？那便是説服力。聰明有時候不等於智慧，我們常會遇到這樣的情景：在與別人爭論某個問題時分明自己是正確的，但就是無法説服別人，有時還會鬧得很不愉快。心理學家認為要爭取別人贊同自己的觀點，爭辯是毫無意義的，重要的是掌握微妙的交往技巧。

魅力教室

假如萬人迷在遇到不認同的觀點時，會怎辦？

據經驗老到的推銷員所講，即使在遇到自己不認同的觀點時，最好先不要輕易地否定對方的看法，你要先讓對方把説話講完。因為：只要你先肯定對方的意見，那麼形勢就會大為改觀。

「應酬説話法」的神奇之處

從許多介紹推銷方法的書籍中，我們可以看到，有一種叫「應酬説話法」的交談方法。其中講到面對很挑剔的顧客時，最好先靜靜地聽他説話，等他都説完之後，在認同他的意見的基礎上，再表示也可能有另一方面的情況。

這個「應酬説話法」最妙的地方，是它成功抓住了人的心理微妙之處，是完全符合心理學的原理。心理學家們常運用這種方法對病人進行心理勸説治療，也就是心理學中「認同」技巧。它不是給對方下如何做的指令，不論對方所説的話多麼不合理、多麼不道德，也全面地加以認同。

可惡！發現萬人迷引人入局的古惑技巧

這樣一來，對方會覺得自己被尊敬、被重視，得到了別人的肯定，於是，最初的不滿、不安、戒心、反感都減少了許多，從而慢慢接納你，對於你説的話能聽進去。而且，很可能對方當初所堅持的主張與意見，已不再那麼執著。因為在説服一個人時，對方一定會有某程度的心理抵抗，所提出的主張與意見，不過是在為心理上的抵抗尋找的藉口。如果抵抗感消失了，這些藉口也就隨著消失，這是必然的結果。

就像我們一開始自己的主張就被全面肯定一樣，沒想到後來根本沒有堅

持自己的主張，反而接受對方的意見。有句話説得很好：「會説話首先要會聽話」。有説服力的人，往往在對方話已説盡時，才開始説服對方，而使對方毫無抵抗地接納你的意見。這是人所共有的心態。

萬人迷克服自卑，普通人被自卑俘虜

人不可能在各方面都非常優秀，都或多或少在某方面存在一定的缺陷，就是那些偉人也毫不例外，甚至他們的缺陷可怕得很呢？拿破崙的矮小、林肯的醜陋、羅斯福的小兒麻痹、邱吉爾的臃腫，哪一樣不同樣令人痛不欲生？可他們卻擁有輝煌的一生！

生活中萬人迷和普通人在性格上的區別就是萬人迷比較自信、有活力。自信使萬人迷眉頭舒展，腰板挺直，事業有成，彷彿時時刻刻都沐浴在幸福的陽光裡；而普通人則不然，即使他們很有錢、很有權，但內心中總是灰暗和脆弱的。

自卑感的存在使普通人看不到自己的優勢，沒有信心，進而悲觀失望，不思進取。假如一個人陷入自卑的深淵，那麼他就會受到嚴重的束縛，聰明才智便無法發揮。所以自卑是邁向成功的絆腳石。

就拿DNA雙螺旋結構的發現來說，在一九五一年，英國的法蘭克林從自己拍攝的X射線照片上發現DNA的雙螺旋結構後，他計畫就發現做一次演說，但由於自卑，他躊躇再三，終於放棄了。一九五三年，科學家沃森和克裡克也發現了同樣的現象，從而提出了DNA的雙螺旋結構假說，使人們進入到生物時代，並因此獲得一九六二年的諾貝爾醫學獎。多麼可惜呀，若不是自卑，這個發現應該記在法蘭克林頭上。自卑，使他與諾貝爾獎擦肩而過。萬人迷大多數人也曾自卑過，但他們敢於頂住命運的寒風，努力克服存在於自身的缺陷，從而走上事業輝煌的頂峰。

膽小鬼球王成名記

可能許多人都不知道，令無數球迷傾倒的球王比利，曾經是一個自卑的膽小鬼。當他得知自己入選巴西最有名氣的山度士足球隊時，竟緊張得一夜未眠。因為他對自己缺乏自信，一種前所未有的懷疑和恐懼使比利寢食不安。

身不由己的比利來到了山度士足球隊。「正式練球開始了，我已嚇得幾乎快要癱瘓。」他就是這樣走進一支著名球隊的。

第一次比賽教練就讓他上場，並讓他踢主力中鋒。緊張的比利雙腿好像是長在別人身上似的，半天沒回過神來。每次球滾到他身邊，他都像看見別人的拳頭向他擊來。他幾乎是被逼上場後，便不顧一切地在場上瘋狂地奔跑起來，他眼中只有足球，恢復了自己的正常水準。

那些使比利深深畏懼的足球明星們，其實並沒有一個人輕視比利，而且對他還相當友善，如果比利自信心稍微強一點，也不至於受那麼多的精神煎熬。

比利的緊張和自卑，是因為把自己看得太重了。他從小自尊心極強，自視甚高，以至做任何事情都難以達到理想的要求。他一心只顧想著別人將如何看待自己，這又怎能不導致怯懦和自卑呢？

球王的成功啟示

比利戰勝自卑心理的過程告訴我們，儘量不要理會那些使你認為不能成功的疑慮，勇往直前，拼著失敗也要大膽去做，其結果往往並非真的會失敗。每個人都有超過其他人的天賦和才能，揚長避短，既是建立自信的有效途徑，也是制勝之道。

卡耐基認為：信心和勇氣能夠導致激揚奮發的情緒，會使整個人像是突然被「充電」一樣地帶勁，立即會產生一種解決困難的欲望，並要求自己把事情處理得非常完美。

當我們一旦下定決心，以無比的信心和勇氣去面對困難的時候，馬上又會變得神采飛揚、頭腦就開通了。

史泰龍的萬人迷之路

美國著名影星史泰龍是在拳腳交加的家庭暴力中長大的，因為他的父親是一個賭徒，母親是一個酒鬼。小時候，父親賭輸了，又打老婆又打他，母親喝醉了也拿他出氣發洩。以至於他常常是皮開肉綻，鼻青臉腫。由於他相貌一般，學習成績也很普通，所以高中便輟學了，在街頭當混混。

直到他二十歲的時候，一件偶然的小事刺激了他，使他醒悟反思：「不行，不能再這樣。如果再這樣下去豈不是和自己的父母一樣嗎？不行，我一定要成功！」

於是史泰龍下定決心活出個人樣來，要走一條與父母迥然不同的路。但是做甚麼呢？從政，可能性幾乎為零；由於他沒有學歷和文憑，進大公司發展是不可能的；經商，又沒有本錢⋯他長時間思索著。

在想不出其他出路的情況下，他想到了當演員。因為當演員不需要查驗過去的經歷，也不需要本錢和文憑，一旦成功，卻可以名利雙收。但是他顯然不具備演員的條件，長相就很難使人有信心，又沒有接受過任何專業訓練，沒有經驗，也無「天賦」的跡象。

「一定要成功」的神奇驅動力

然而，「一定要成功」的驅動力，促使他認為，絕不放棄，這是他今生今世唯一出頭的機會，一定要成功！史泰龍對自己充滿了自信。於是他隻身來到荷李活，找明星、找導演、找製片⋯找一切可能使他成為演員的人。他處處推銷自己：「給我一次機會吧，我要當演員，我一定能成功！」

他一次又一次被拒絕了，但他並不氣餒。他明白失敗乃成功之母。每被拒絕一次，他就認真反思、檢討、學習一次。

眨眼間兩年時光已過，錢花光了，他只好在荷李活做一些體力活維持生計。後來他想出了一個「迂迴前進」的方法：先寫劇本，待劇本被導演看中後，再要求當演員。

當時的他，已經不是剛來時的門外漢了。兩年多耳濡目染，每一次拒絕都是一次進步的機會，一次口傳心授的學習。因此，他已具備了寫電影劇本的基礎知識。

太陽出來了！

又過了一年，劇本寫出來了，史泰龍遍訪導演，「這個劇本怎麼樣，讓我當男主角吧！」導演們普遍的反映是，劇本還可以，但讓他當男主角，簡直是天大的玩笑。他再一次被拒絕了。

他不斷對自己說：「我一定要成功，也許下一次就行，再下一次……」

在他一共遭到一千多次拒絕後的一天，一個曾拒絕過他二十多次的導演

被他的精神感動了：「我不確定你是否能演好，但你永遠不放棄的精神令人感動。我可以給你一次機會，但不是電影而是電視連續劇，同時，先只拍一集，讓你當男主角，看效果如何。如果效果不好，你就不要再來了。」

這一刻終於到來了，雖說有點晚，但史泰龍終於可以一試身手了。機會來之不易，他絲毫不敢大意，而是全身心投入進去。沒想到第一集電視劇創下了當時全美最高收視紀錄——他成功了！

奧地利總理庫爾茨低調和謙遜，廣受國民認可。

從比利和史泰龍的成功過程，我們可以看出，萬人迷之所以在人生中有大的成就，是因為他們把自信提升到強烈的程度，使他們拿出行動、掃除橫在前面的所有障礙，走向了成功。

普通人並不是傻子，他們也具有同萬人迷一樣聰明的頭腦，但是由於自卑感的存在，他們永遠也無法超越自我，最終在生活的爭鬥中均被自己打敗，一事無成，抱恨終生。

萬人迷給心靈放假，普通人讓心弦緊繃

在這個充滿激烈競爭的社會裡，人們匆匆忙忙，無非是為了追求到更多的金錢、名譽、更高的地位⋯⋯得到這些後，便會感到一種成就感，感到快樂，但是，卻往往是適得其反，人們在追求的過程中，在那如陀螺般的高速旋轉中失去了生活中最珍貴的東西——快樂。

萬人迷在生活中知道給自己的心靈放假，使自己在充滿喧囂和緊張的生活節奏中享受到快樂和輕鬆；普通人卻像一張緊拉著弦的弓，無時不處在緊張之中，但這張弓可能在某一天會由於過度的緊拉而崩斷。

有個心理醫生，為他的病人講了一個故事：

三個男人提著行李氣喘吁吁地趕到火車站時，火車正鳴著長笛向外緩緩駛出，於是三個人急忙沿著月台追趕火車。其中兩個人身強力壯，終於在千鈞一髮之際，跳上了最後一節車廂，最後一個人只好無奈地看著火車漸漸遠去。

突然之間，沒趕上火車的那個男人在月台上忍不住瘋狂大笑起來。檢票員不解地問他：「你怎麼啦，沒趕上火車，還哈哈大笑。」那人上氣不接下氣地答道：「他們，他們是來送我的。」

這個故事告誡人們，甚麼時候都不要忘記自己是幹甚麼的，不要忘記人生的目的是甚麼，更不要忘記人生的意義何在。千萬不要忙昏了頭，而忘記了自己的初衷。那些為成功而成功的人就是這樣一些忘記人生目的的人。他們不是一天一天把日子過好，而是一雙眼睛死死盯著某個遙遠而虛幻的目標，用日復一日的忙碌和沉重刻意去實踐。這樣活著就像是在償還債務，哪裡還有人生的樂趣可言。

在成功觀念誤導下的一些古怪現象

在成功觀念誤導下，有些人陷入了人生追求的怪圈，忘記了人生的目的，陷入為成功而成功的怪圈。他們不知道忙甚麼，也不知道為甚麼忙，只是一味地忙。

就好像一位年紀輕輕就已小有名氣的律師，在他出色地打贏幾樁疑難案件後，名聲大噪。出名後，他更加兢兢業業，為長久發展打基礎。平時看起來，總給人一副精神煥發，精力無窮的印象，只有與十分要好的朋友私下聚會時，才顯示出一副憔悴不堪、疲憊不堪的樣子，甚至傷感：「工作、工作，我一直覺得成功勝於一切，但我現在成功了，卻覺得怎麼這麼疲倦，這麼沒勁。」

下班後，我們帶著一身的疲憊回到家中，不是躺下休息片刻，而是立即打開電視查看股票資訊，拿起話筒與人通話談論第二天的工作安排，翻書開始閱讀，或是開始做點家務……我們真的是害怕「浪費掉」哪怕只是一分鐘的時間，似乎時間並不屬於自己，似乎總是在為將來而生活，為幻想中的美好前景而生活。

世界上還有很多可愛的東西值得發掘啊！

但是，一個人如果弓弦總是繃得很緊，就會覺得日子平淡乏味。可是在我們生活的這個世界上，仍有許多美麗可愛之處值得我們發現和欣賞。

北宋時期著名學者程顥在《春日偶成》詩中寫道：「雲淡風輕近午天，傍花隨流過前川。時人不識余心樂，將謂偷閒學少年。」春天大自然的明麗柔美，與詩人自得其樂的閒適心情，自然地融為一體。

當然，這樣做的目的不是為了偷懶，而是學會一種生活的藝術——忙裡偷閒，享受生活。而要做到這一點，無需探尋任何技巧，而且隨時隨地都可

以做到，只要允許自己偶爾忙裡偷閒，無事可做，然後有意識地坐下來，停止手中的工作就可以了。

成功人士原來都是大懶鬼

實際上，許多成功人士，都是忙裡偷閒的好手，都是心態健康平和的人。

愛迪生在枯燥的千百次實驗中，常常用兩三句詼諧的笑語逗得大家哈哈大笑，前仰後合。而林肯更勝一籌，他能在事態嚴重、大家精神緊張、面臨很大壓力的時候，用詼諧的語言或幽默的舉動，將烏雲密佈的局面衝破，以使大家心理鬆弛、思想活躍，尋找出解決難題的最佳方案。

而美國一所著名大學校長則更有一套獨到的方法：他到訪北京大學時，曾經向一眾師生講了一段自己的親身經歷。有一年，他向學校請了三個月的假，然後告訴自己的家人：不要問我去甚麼地方，我每個星期都會給家裡打個電話，報個平安。

原來校長隻身一人，去了美國南部的農村，嘗試著過另一種全新的生活。他到農場去打工，去飯店刷盤子。在田地做工時，背著老闆吸支煙，或和自己的工友偷偷説幾句話，都讓他有一種前所未有的愉悦。

最有趣的是，最後他在一家餐廳找到一份刷盤子的工作，做了四個小時後，老闆把他叫來，跟他結賬。老闆對他説：「可憐的老頭，你刷盤子太慢了，你被解僱了。」

「可憐的老頭」重新回到哈佛，回到自己熟悉的工作環境後，卻覺著以往再熟悉不過的東西都變得新鮮有趣起來，工作成為一種全新的享受。這三個月的經歷，像一個淘氣的孩子搞了一次惡作劇一樣，新鮮而有趣。更重要的是，回到一種原始狀態以後，就如同兒童眼中的世界，一切都那麼有趣，也不自覺地清理了原來心中積攢多年的「垃圾」。他通過這種定期給自己的心理重生的方式，更好地享受到了工作和生活的樂趣。他的做法可謂別具一格。

生活賦予人們的內容是平等的、成功、快樂、健康，每個人都具有擁有它們的條件，但是萬人迷在成功的同時，能自己減輕壓力，在輕鬆自在中享受到快樂、健康；而普通人在成功的背後，付出了沉重的代價，他們像飛轉的車輪，無法停止轉動，使原本應該美好的生活，變得枯燥、壓抑，失去了生活的意義。

萬人迷勇敢面對自己的弱點，普通人埋怨自己的短處

「自知者明，自勝者強」。萬人迷都有自知之明，能客觀地對自己做出評價，從不掩蓋自己的弱點，而且積極地去改變自己的弱點，使自己不斷獲得進步，發揮長處，取得事業上的成功。

普通人對自己的弱點是消極地埋怨，他們或埋怨老天不公，或怨恨自己無能，從來沒有想過如何去改善自己的弱點。就這樣，在普通人的埋怨中，日子一天天過去了，弱點還是弱點，普通人還是普通人。

自身的缺憾一般說來是難以更改的事實，任何企圖掩蓋或回避缺憾的做法都會引來的消極結果。只有直視缺憾，並把它當作是一種奮鬥的動力，即使有缺憾，你也可以獲得成功的快樂。

美國的總統羅斯福八歲時，他的身體虛弱到了極點，呆鈍的目光，露著驚訝的神色，牙齒暴露唇外，不時地喘息著，老師喚他起來讀課文，他便顫巍巍地站起，微張嘴唇，吐音含糊而不連貫，然後頹然坐下，生氣全無，標準一個低能兒童的典型。而世界上像他同類的兒童不知有多少，大都是這樣的神經過敏，如果稍受刺激，情緒便受影響，處處恐懼畏縮，不喜交際，顧影自憐。但羅斯福並不如此，他雖有天生的缺憾，同時他也有奮鬥的精神，他抱定人定勝天的信心，克服他的弱點，而不為其所屈服。

羅斯福所用的方法是積極的，而不是消極的，他不坐等幸運之神降臨，而努力追求幸運。他毫不自餒於天生的缺憾，反而利用它作為通往成功的基石。他絕不怨恨蒼天的不公，而使自己愁苦，更不姑息他身體的虛弱，一味地療養。他不單單只從喝藥水，注射針藥，或避居山林，遨遊海上，以恢復他的健康，而是積極地鍛煉，以達到他的目的，他和別的健康孩子一樣，去騎馬、划船和做劇烈的運動。果然在他入大學之前，他獲得了大大的成功，他已是人們樂於接近，一個精神飽滿，體力充沛的青年了，終至他勝任軍隊的艱苦生活，帶領軍隊，在與西班牙的戰爭中，功績顯赫。

萬人迷的成功，都是由於他們的剛毅精神嗎？

羅斯福總統的成功，不但因為他有剛毅的精神、不為先天的缺憾所屈服，更因為他有自知之明，他深知自己的弱點，並不自以為聰明、勇敢、強健而稍事放任；他明瞭自己的缺憾，何者可以克服，何者應予利導，他自知虛弱、畏怯，可以克服，而語言、態度，必須因勢利導，他學習假嗓音，在演講時運用，雖然齒露於外，及身軀顫抖等小節，未能迎合演講的技巧，更沒有洪鐘般的聲音，驚人辭令，但仍是令人信服的演說家之一。所以，我們

應有自知之明，改善弱點，建立自信，你若任其自己的弱點一直存在下去，而一意孤行，那就成了被人所訕笑的愚人了。

許多人喜歡看NBA的球賽，而且特別喜歡看外號「墨屎」的特矮球員波堅斯(Muggsy Bogues)作賽，他曾效力夏洛特黃蜂隊九個賽季，始終是當地球迷最喜愛的球員之一。

波堅斯只有1.6米身高，在東方人裡也算矮子，更不用說在即使身高兩米都嫌矮的NBA了。據説波堅斯是NBA有史以來破紀錄的矮子。但千萬別小看了這個矮子，他是NBA表現最傑出、失誤最少的後衛之一，不僅控球一流，遠投精準，甚至帶球上籃也毫無懼色。

每次看波堅斯像小黃蜂一樣，滿場飛奔，人們心裡總忍不住讚歎；他不只安慰了天下身材矮小而酷愛籃球者的心靈，也鼓舞了平凡人內在的志氣。

波堅斯是不是天生的籃球高手呢？當然不是，而是意志與苦練的結果。

波堅斯從小就長得特別矮小，但他非常熱愛籃球，幾乎天天都和同伴在籃球場上打球。他夢想著有一天可以去打NBA，因為NBA的球員不只待遇奇高，而且也風光無限，是所有愛打籃球的美國少年最嚮往的夢想。

每次波堅斯都告訴他的同伴：「我長大後要去打NBA。」聽到他的話的人都忍不住哈哈大笑，甚至有人笑倒在地上，因為他們「認定」一個1.6米的矮子是絕不可能打NBA的。

人們的嘲笑並沒有阻斷波堅斯的志向，他用比一般人多幾倍的時間練球，終於成為技術全面的籃球運動員，也成為最佳的控球後衛。他充分利用自己矮小的「優勢」——行動靈活迅速，像一個小精靈一樣，運球的重心最低，很少有失誤；個子小不引人注意，搶斷球常常得心應手。

丹普賽的故事

很多人都有這樣或那樣的弱點，甚至是生理缺陷。有些人也許會問：「老天生來就待我不公，我生下來就有生理缺陷，那我該怎麼辦呢？」如果你屬於這類「不幸者」，那就想想海倫•凱勒的人生經歷吧！還有誰比一個又聾、又啞、看不見東西的女孩更為不幸的呢？可她成了美國著名的作家。也許你又覺得這是世上僅有的唯一奇跡，那就讓我們看看下面這則平凡人物的故事吧！

有一個名叫丹普賽的孩子，他生下來就是一位畸形人，四肢不全，只有半邊右足和一隻右臂的殘段。在丹普賽小時候。他想跟別的孩子一樣從事運動。他喜歡踢足球。他的父母就給他做了一隻木製的假足，以便使他能穿上特製的足球鞋。丹普賽從不間斷地用他的木腳練習踢足球，努力在離球門愈來愈遠的地方將球踢進去。後來，他變得極負盛名，以至新奧爾良的聖哲隊都願意僱他為球員。

有一次，當丹普賽用他的跛腿在最後不足兩秒鐘內、在離球門六十三米的地方破網時，球迷的歡呼聲響遍了全美國。這是職業足球隊當時踢進的最遠的進球。這次比賽，聖哲隊以絕對的比分戰勝了底特律雄獅隊。

底特律雄獅隊的教練斯密特說：「我們是被一個奇跡打敗的。」對許多人來說，這的確是一個奇跡：「丹普賽並不曾踢中那個球，那球是上帝踢中的。」底特律雄獅隊的後衛沃爾克說。

丹普賽的確創造了奇跡。同那些善於改善自己弱點的人相比，只知道埋怨短處的人顯得愚蠢而又可憐。

足球巨星亨利寫過這樣的詩句：「我是命運的主人，我主宰自己的心靈。」

不是靚仔靚女才可以做萬人迷的。

萬人迷誠實可靠，普通人不可深交

在這個爾虞我詐的社會，一個人如果能夠獲得別人的長久信任，那將是一筆多麼值得珍惜的寶貴財富！人們願意與之交往，他也給對方忠誠守信的感覺。正是這種信任感為這個人贏得廣泛的友誼，奠定成功的基礎。

如果說「誠信」是人生的珍貴財富，那麼「虛偽」就是人生的一種災難。當偽裝被揭穿時，人們便會離他而去。

在人際交往中，萬人迷會將「誠信」當作一張名片，發放到交往者的心中，對方也會珍藏起來，但普通人卻會用虛假的熱情把自己裝扮起來。當有人一不小心掉進他的陷阱後，其他的人便警覺起來，使他變得眾叛親離。

「守信」不僅是為人處世的基本原則，更是衡量個人人格和品質的尺度。實際上，中國傳統對「言必信，行必果」的人從來都給予最崇高的評價。

周成王的「執葉」風波

傳說在周朝時期，周武王死後，由幼子周成王即位，至於武王的弟弟、成王的叔叔周公則輔助幼帝。一日，成王和弟弟唐叔虞在樹下玩耍，玩得一時興起，就和弟弟開個玩笑。他拾起一片樹葉遞給叔虞說：「我用這塊葉封你為侯。」周公聽了就說：「選個黃道吉日，給叔虞舉行封侯典禮吧！」成王一聽急了，辯解道：「我只是和弟弟開個玩笑罷了。」可是周公卻嚴肅地說：「陛下，君無戲言，天子一說出話，史官就會記錄下來，並按照天子的話去做。所以，陛下要想在今後說話有威力，就應遵守諾言。」最後，成王只好照周公的話去做，叔虞因此被封為晉侯。

忠誠的力量

忠誠是友誼的源泉。要想得到真正的朋友，必須敞開自己的心扉，要講真話以誠待人，只有這樣才能換來真摯的友誼。

在古希臘的神話中流傳著這樣一個故事：亞遜斯有一次來到阿爾卑斯山說：「有一個人，他是我的朋友，他愛我勝過愛你們。」這句話激怒了天神，他們決心殺掉亞遜斯的朋友，便詢問這位朋友是誰。

亞遜斯看出了天神們的用意，就閉口不談。天神們拿出了各自的寶貝引誘亞遜斯，許諾他將有一位美貌無比的妻子，成為一個威嚴無比的國王等等，但這一切都沒有打動亞遜斯的心。但神通無比的天神們還是抓到了亞遜斯的朋友，只是沒有立刻殺死他。天神對亞遜斯的朋友說，只要他同意背叛亞遜斯，他將得到他所要的一切：美色、財富、權勢。誰知這位朋友也和亞遜斯一樣，絲毫不動心。天神們既羨慕又慚愧，卻沒有一位天神去殺他們，並悄悄地將他們放下了山。亞遜斯說：「我們彼此忠誠、信任，沒有什麼比我們的友誼更重要。」

他們忠誠的友誼震驚了天神，為世人傳頌。而忠誠是友誼的標誌。對朋友的忠誠必然能換回朋友對你的傾心對待。而同萬人迷的誠信相比，普通人的虛偽卻往往會給自己帶來許多災難。

老實商人的故事

明代流傳著一個商人因不守信用而喪生的故事，很能給人啟發：這位商人在過河時船被礁石撞擊，他大呼救命，並向圍觀的人許諾：「誰能救我，我將付他一百兩黃金。」一個漁人救了他。商人上岸後，只給了漁人八十兩金子。漁人很憤怒，怪責商人不講信用。商人則訓斥漁人太貪婪。漁人只好作罷。後來，這個商人在乘船時又遇上險情，他還像上一次那樣呼救、許諾。這時，那位漁人就在附近，但他沒有去救商人，反而告訴周圍的人：「這個人言而無信。」人們聽了漁人的話，誰也不肯去救商人。結果，商人

淹死在河中。

在這裡，我們且不去討論漁人的做法是否得當，但就商人的行為而言，一個人不遵守承諾的後果是相當嚴重的。不遵守諾言，不僅不能得到他人的合作，甚至有可能連性命也丟掉了。

「君子一言，駟馬難追。」說過的話，答應過的事就一定要辦到，但是在做出承諾前一定要考慮清楚，盡自己的可能是否能實現諾言，如果自己沒這個能力，就不要承諾別人，否則便是傻瓜。

一個人如果想像萬人迷一樣綽有成就，必須得具有萬人迷的誠信。只有以誠待人，你才會贏得別人的信賴和友誼。若以普通人小聰明式——虛偽的心理待人，其結果會落得「聰明」反被「聰明」誤的下場。

萬人迷賺人熱淚，普通人專潑冷水

給他人一個好名聲去實現，他就會盡量努力，而不會讓你失望，這便是激勵。一句善意的鼓勵，可能會讓對方從陰暗中走向陽光。同樣，一句打擊性的譏諷，也可能把一個人推向生活的深淵。

萬人迷對別人都會加以鼓勵，如：「我相信你一定能成功的」、「在我心中，你是最棒的一個，要多加油啊」、「我發現，在你身上有一種非凡的潛質……」；相反普通人則會對周圍的人說：「算了吧，別浪費力氣了……」、「就憑你的智商，想過關，沒門……」、「你實在太笨了，不適應做這行……」。

用兩種不同的方式來對待人就會產生不同的效果。

激勵是進取的財富

一位父親帶著已認為是無可救藥的孩子去看心理學家。那個孩子已經被嚴重灌輸了自己沒有用的觀念。剛開始，不管心理學家怎樣問都一言不發，心理學家一時之間也無從下手。後來心理學家從他父親所介紹的情況和所說的話裡找到了醫治的線索。他的父親堅持說：「這個孩子一點長處也沒有，我看他是沒希望了，無藥可醫！」

心理學家開始應用激勵的方法。他找到了這個孩子喜歡雕刻這個愛好，甚至可以說在這方面具有聰穎的天賦。他家裡到處是被他刻過的刀痕，因而常常受到父母的責備和懲罰。心理學家買了一套雕刻工具送給他，還送他一塊上等的木材，然後教他正確的雕刻方法，不斷地鼓勵他：「孩子，你是我所認識的人當中，最會雕刻的一個。你是個天才雕刻家。」

從此以後，他們接觸頻繁起來。在接觸中，心理學家慢慢地找出其他事項來激勵他。一天，這個孩子竟然不用別人吩咐，自動打掃房間。這個事情，使所有的人都嚇了一跳。心理學家問他為什麼這樣做？

孩子回答說：「我想讓老師您高興。」

後來這個孩子真的成為一個雕刻家。

激勵是人們進取的財富，是一個取之不盡的核反應堆。著名的社會活動家凱蘇拉多年從事心理咨詢，曾經幫助許多失意者走出迷惘、走向成功。有人曾問她：「你幫助他們改變命運，最重要的是靠什麼？」她不假思索地說：「我使用的這種方法有種魔力，用它可以幫助啞人說出話來；幫助灰心失望者露出笑容；幫助受到挫折和不幸的人獲得幸福……這種力量就是我們所知道的——誠懇的鼓勵和讚揚。」

一句話改變人的一生

在一所學校的聯歡晚會上，老師要求大家在紙條上寫上自己喜歡的人的名字和原因（不能寫自己），它竟讓人發現：一句話可以改變人的一生。

班裡有一位模樣平常、年齡偏大、學習成績中等、性格孤僻的農村女同學常被大家忽略和淡忘，一個好心的同學估計沒有一個人會寫她的名字。於是靈機一動，在自己的紙條上寫下了她的名字，並編了一個關於喜歡她的理由——也許你並不知道你的美，其實，你的執著和聰明，是女孩子另一種味道的美，相信你一定能在事業上成功的。

當主持的班長讀到這張紙條時，全班人都愣了，大家的目光一下子就轉移到了她的身上，她更是沒有想到會唸到她的名字。她慌亂地抬起頭，驚訝地望著班長，像是在問，這是真的嗎？班長微笑著向她點頭。同學們一齊為她鼓掌，掌聲真摯而熱烈。在這突如其來的「幸福」面前，使她臉色緋紅，眼裡閃爍著淚花。

在剩下的一個月時間裡，她像換了個人似的，她終於第一次和那些學習成績好的同學走在一塊了，她開始和男生們大大方方地交談，教室裡有了她明朗的笑聲，她從此對人生有了希望，對自己有了自信。

短短的一句鼓勵的話，讓一個人知道自己的優點，增強了人生的信心，結果就可以讓一個人改變命運。

如果我們鼓勵我們遇到的人，我們不僅能使他堅定信心，而且還能走向光明。

如果給人潑冷水，哪怕是一句很不得體的冷言，都會給人的心理上造成無法癒合的創傷，甚至使人的一生毀滅在你的冷嘲熱諷中。

有一位母親，生了個智商不高的兒子。一表人才、身為處長的丈夫便同她離了婚，無奈之下，她帶著兒子回到老家工作。但是，她創造了一個奇跡，用不斷的、小小的激勵使她並不聰明的兒子，最終考上了大學。

孩子上幼兒園的時候，每一次接孩子，老師的話都令她失望。

第一次接孩子，幼兒園的老師說：「你兒子有多動症，連三分鐘都坐不住，你最好帶他去醫院看一看。」她從老師眼裡「讀」到了不屑。

回家的路上，兒子天真地問她，老師說了什麼？有沒有批評我？在班上，她老批評我。她鼻子一酸，淚差點兒流下來，然而，她卻這樣告訴兒子：「老師表揚你了，說寶寶原來在凳子上坐不了一分鐘，現在能坐兩分鐘了。別的媽媽都很羨慕媽媽，因為全班只有寶寶進步了。」那天晚上，兒子破天荒坐在凳子上吃飯，而且是一次吃完的。

兒子上小學了，家長會上，老師說：「全班五十名同學，這次考試，你兒子排第四十九名。我們學校對學習不好的是要勸退的。我們懷疑他智力上有些障礙，你最好能帶他到醫院查一查。」

回去的路上，母親流下了淚。然而當回到家裡，看到兒子，她又突然想起第一次接孩子的情景，便振作精神，對坐在桌前的兒子說：「老師對你充滿信心。他說了，你並不笨，只要能努力些，會超過你的組長，這次他排在第二十三名。」

說這話時，她發現，兒子黯然的眼神一下子亮了起來，沮喪的臉也舒展開來。第二天上學時，兒子去得比平時都要早。

孩子上了中一，又一次家長會。她坐在兒子的座位上，等著老師點她兒子的名字，因為每次家長會，她兒子的名字在差生的行列中總是被點到。然而，這次卻出乎她的意料，直到結束，都沒聽到。她有些不習慣。臨別，去問老師，老師告訴他：「按你兒子現在的成績，考入大學的把握不大。」

那位母親懷著驚喜的心情走出校門，此時，她發現兒子在等她。晚上，她撫著兒子的肩膀，心裡有一種說不出的甜蜜，她告訴兒子：「班主任對你非常滿意，他說了，只要你努力，很有希望考上大學。」

高中畢業了，第一批大學通知書下達的日子到了。學校來電話讓她兒子到學校去拿通知書，並祝賀他被大學錄取了。兒子走後，悲喜交加，再也按不住十幾年凝聚在心中的淚水，她在家裡大哭起來。

兒子從學校回來，把大學的錄取通知書交到她手裡，抱住她動情地哭起來。邊哭邊說：「媽媽，我一直都知道我不是個聰明的孩子，是您……」

媽媽把一個並不聰明的孩子激勵成了一位最好大學的學生，這說明了什麼？

在生活的田野中，萬人迷因為想得到鮮花，於是就會用雨露來澆灌花木。相反，普通人因為喜歡荒漠，所以就用無情的冷風把周圍美好的東西都吹得離自己而去。

身為「男神」，幽默感不可少，黃子華是箇中代表。

萬人迷善於替人解圍，普通人遇事避而遠之

人都難免遇到尷尬或下不來台的時候，那時我們心中多麼渴望有人會出面解圍，或伸出援手幫我們一把，如果那樣，我們又會多麼地心存感激之情，由衷地敬佩此人。

萬人迷在人需要的時候，常會不失時機地為人解圍扶困，從而贏得更多的友誼；普通人對於己無關的事會避而遠之，以為好閑事不如賴不管，落得清閑自在，這樣，卻會把自己陷入孤立之中，沒有人願意和他接近，更沒有人在他危難之中，替他說話，為他辦事。

在生活中，把個人得失看得過重，未必是件好事，我們可以看到熱心腸的人，往往比自私冷漠的人生活得快樂，在工作和事業中大多都比自私冷漠的人成功。

有時候幾句得體的話，能化解一場無意義的爭吵，從而使爭論雙方皆大歡喜，也給自己鋪下一條更寬闊的道路。

清末陳樹屏做江夏知縣的時候，大臣張之洞在湖北做督撫。張之洞與撫軍譚繼詢歷來關係不合，有一天，陳樹屏在黃鶴樓宴請張、譚等人。有人談到江面寬窄問題，譚繼詢說是五里三分，張之洞卻故意說是七里三分，雙方爭執不下，都反唇相譏，誰也不肯丟自己面子。陳樹屏知道他們是借題發揮，對兩個人這樣鬧很不滿，但是又怕掃了眾人興，於是靈機一動，從容不迫地拱拱手，言辭謙虛地說：「江面在水漲的時候就寬到七里三分，而落潮時便是五里三分。張督撫是指漲潮而言，而撫軍大人是指落潮而言。兩位大人說得都沒錯，這有何可懷疑的呢？」張、譚二人本來是信口胡說，由於爭辯而下不了台階，聽了陳樹屏的這個有趣的圓場，自然無話可說了。於是眾人一起拍掌大笑，爭論便不了了之。張、譚二人對陳樹屏都心存感激，不久張之洞便上書朝廷把陳樹屏升至知府。

大太監李蓮英為人機靈、嘴巧，很善於取悅於慈禧，常常為慈禧和下屬解脫困境。從而使自己在宮中穩坐太監總管的位子。

慈禧愛看京戲，常以小恩小賞賜藝人一點東西。一次，她看完著名演員楊小樓的戲後，把他召到眼前，指著滿桌子的糕點說：「這一些賜給你，帶回去吧！」

楊小樓叩頭謝恩，他不想要糕點，便壯著膽子說：「叩謝老佛爺，這些尊貴之物，奴才不敢領，請……另外恩賜點……」

「要什麼？」慈禧心情高興，並未發怒。

楊小樓又叩頭說：「老佛爺洪福齊天，不知可否賜個『字』給奴才。」

慈禧聽了，一時高興，便讓太監捧來筆墨紙硯。慈禧舉筆一揮，就寫了一個「福」字。

站在一旁的小王爺，看了慈禧寫的字，悄悄地說：「福字是『示』字旁，不是『衣』字旁的呢！」楊小樓一看，這字寫錯了，若拿回去必遭人議論，豈非有欺君之罪，不拿回去也不好，慈禧一怒就要自己的命。要也不是，不要也不是，他一時急得直冒冷汗。

氣氛一下子緊張起來，慈禧太后也覺得挺不好意思，既不想讓楊小樓拿走錯字，又不好意思再要過來。

旁邊的李蓮英腦子一動，笑呵呵地說：「老佛爺之福，比世上任何人都要多出一『點』呀！」楊小樓一聽，腦筋轉過彎來，連忙叩首道：「老佛爺福多，這萬人之上之福，奴才怎麼敢領呢！」慈禧正為下不了台而發愁，聽這麼一說，急忙順水推舟，笑著說：「好吧，隔天再賜你吧。」就這樣，李蓮英為二人解脫了窘境。

也難怪慈禧對李蓮英寵愛有加，一口一個「小李子」叫得親熱，這還不得益於李蓮英的機靈和善於察言觀色，給慈禧找台階下嗎？

小琳和曉慧是好朋友，有一次同學們聚會，大家一起出去游玩。中午時候，玩了半天的小琳和曉慧都感到餓了，和小琳說：「各位，今天我請客。」於是同學們一起到一家餐館吃飯。吃過飯結賬時，小琳一摸口袋面露難色，原來匆忙出行沒有帶錢，這可怎麼辦呢？在大庭廣眾之下多難堪呀！細心的曉慧看在眼中，走上前說：「上次吃飯是你埋單，今天該我付賬了，不然我可跟你急啊！」說著把錢交給服務員，小琳心中感激萬分，後來她對曉慧說：「那天，要不是你及時解圍，當著那麼多人的面，我真不知怎麼辦好呢？」從此，兩個人的友誼更加固了。

普通人往往是事不關己，高高掛起，他們認為替別人解圍費時費心，有時還可能出力不落好，對於處於尷尬之中的人不管為好，但當他處於之中時，別人也會袖手旁觀，不會對他伸出援手。

古時候，有個秀才進京趕考，一路上只顧思考文章如何能寫好，不小心一腳踩空，掉下橋去，幸好他抓住一棵小樹，沒有落入橋底，他大呼救命。這時，橋上走過來一個衣著華麗的商人，聽到呼聲，向下一看，是個衣衫破舊的秀才在叫，就想，我拉他上來，他肯定沒錢給我，再說，我拉他的時候說不准自己也會掉下去呢？想到這裡，便離開了。

秀才看求救無望，手也沒力氣了，只好鬆開了手，掉了下去。因為是夏天，正好剛下過雨，橋下面有一潭水，秀才落入水中，沒有摔傷。

轉眼間冬天到了，那個商人又路過這座橋，這時正下過一場雪，橋面很滑，商人過橋時，想起上次看到窮秀才落橋的情景，心中好笑，便忍不住到那地方瞧瞧，誰知腳下太滑，他也從那個地方掉了下去，正好也拿住了那棵小樹，於是，商人顧不得什麼體面，大呼救命。

這時，橋上走過一路人馬，中間抬著一頂轎子，這隊人馬到商人落橋的地方停了下來。轎簾打開，一個身著官服的人走下轎來，這位官員正是上次掉下橋去的秀才，經過殿試考了舉人，要去一縣任職。他聽到呼聲，想起自己在此的經歷，便過來觀看，當他正要讓人搭救落橋之人時，一看便認出了是那個見死不救的商人，心想「活該」。便命令隨從不要去理會，於是坐上轎子離開了，這個商人一看心想完了。真是報應啊，因為手凍得麻木了，便失手落下橋去，結果運氣不好，冬天橋下也沒水，只露出碎石頭，商人落橋後摔斷了腿……

當然，這是一個故事，但從故事中，我們可悟出一個道理，那就是：別人有難幫一把，自己落難別人幫。如果事不關己，不管閑事，無異於那個商人的勢利和自私。

在生活中，我們還是應該學習萬人迷那種善於替人解圍的明智做法，最終皆大歡喜為好，不應向普通人的自私看齊，不然可能會落得「常戚戚」的下場。

生活書房
LIVE PUBLISHING

提升印象分 懶人包

作　　者：黃素珊
責任編輯：尼頓
版面設計：何勿生
出　　版：生活書房
電　　郵：livepublishing@ymail.com
發　　行：香港聯合書刊物流有限公司
地址　香港新界大埔汀麗路36號中華商務印刷大廈3字樓
電話（852）21502100
傳真（852）24073062
初版日期：2018年3月
定　　價：HK$88/NT$280
國際書號：978-988-13849-1-1
台灣總經銷：貿騰發賣股份有限公司
電話：(02) 8227 5988